孙源梅——著

父母能量加油站之一

培养孩子的高智高能

中国商务出版社
CHINA COMMERCE AND TRADE PRESS

图书在版编目（CIP）数据

父母能量加油站. 一, 培养孩子的高智高能 / 孙源梅著. —— 北京：中国商务出版社，2021.11
　　ISBN 978-7-5103-4018-5

Ⅰ. ①父… Ⅱ. ①孙… Ⅲ. ①家庭教育 Ⅳ. ①G78

中国版本图书馆 CIP 数据核字（2021）第 214363 号

父母能量加油站之一：培养孩子的高智高能
FUMU NENGLIANG JIAYOUZHAN ZHIYI:PEIYANG HAIZI DE GAOZHI GAONENG
孙源梅　著

出版发行：	中国商务出版社
地　　址：	北京市东城区安定门外大街东后巷 28 号　　邮编：100710
网　　址：	http://www.cctpress.com
电　　话：	010-64212247（总编室）　　64269744（事业部）
	64208388（发行部）　　64266119（零售）
邮　　箱：	bjys@cctpress.com
印　　刷：	三河市京兰印务有限公司
开　　本：	700 毫米 ×1000 毫米　1/16
印　　张：	15
字　　数：	175 千字
版　　次：	2021 年 11 月　第 1 版
印　　次：	2023 年 9 月　第 3 次印刷
书　　号：	ISBN 978-7-5103-4018-5
定　　价：	49.80 元

版权所有　侵权必究　盗版侵权举报可发邮件至 cctp@cctpress.com
本社图书如有印装质量问题，请与本社印制部联系（电话：010-64248236）

序　言

书友好，我是吴子钦。

作者孙源梅，是我的事业好搭档，也是我的人生"姐姐"。

从创业初期就给我们的事业定位使命：让天下父母不再为教育孩子而苦恼。

我们一起创业五年，在她身上，我感悟到了她不仅仅是在做一份事业，更是在做一份传承，一份精神的传承。

她身上有母亲般的温柔，更有企业家的情怀和执着。

她从2020年2月6日开始抖音直播，每天早晨六点至七点半，一直坚持至今日已经400多天了。她说，给自己定第一个目标：先播1000天。哇！这是什么样的愿力让她如此的执着！我想只有你走进她的直播间用心去感受，或者在她的书中体验，才能悟到答案。

我曾不止一次说你累了可以歇一歇。她总是微笑着说："不累，我可以。"和她相处5年多，她从来没有说一句抱怨的话，总是那么阳光，笑容那么灿烂，和她在一起，总是激情满满，对未来充满希望。众学员私底下都叫她孙妈妈。如今她的弟子遍布祖国大江南北，她就是新时代妈妈的典范。

我曾多次在想：多少女人在她这个年龄早已磨灭了那份热情和激情，是一种什么力量让她在工作强度这么大，还有如此的有动力和激情呢？

她在一次课程中说道：爱是什么？爱就是给别人希望，爱就是一种力量。

或许，这就是答案。

就像她书中所讲："找到自己的热爱，就大胆去追求吧！千万不要管别人怎么说！不管别人怎么看！只要热爱，就一定会获得巨大的成功！因为他们怎么能理解你那深刻的热爱呢？"

感恩生命中的所有遇见。

无论你在哪里，她都在等你。

吴子钦

2021 年 5 月 11 日

吴子钦，国家教育心理学专家，创华智业教育集团创始人，中国著名青年慈善演讲家，中国著名家庭教育指导专家，中国著名青少年感恩励志演说家。

前　言

为什么很多人也学习到了很多知识，道理也懂，却没有产生结果？

答案是：缺少信念的能量。

无论什么型号的汽车，没油了，都不能上路。无论你是硕士生、博士生，当你"没油"了，你就会对生活失去信心。

每年有多少参加高考的孩子，因为高考失利，没"油"了，选择轻生；多少企业的老板，因为经营不善，没"油"了，选择轻生；多少父母因为陪孩子写作业没"油"了，得了忧郁症；夫妻双方因为教育孩子以及生活的琐事，没"油"了，就争吵不止，甚至走上离婚的道路；多少职场人，因为内向自卑，怕得罪人，连升职加薪的机会都不敢争取；多少普通人，总是惧怕当众演讲。

这一切的一切都是因为你的能量不足，没"油"了。

没"油"了怎么办？

到《父母能量加油站》加油。

无论你是做哪个行业，没"油"了，都可以到《父母能量加油站》加"油"。心没能量了，加油。大脑没能量了，加油。

让我们加满能量，向幸福出发！

当我们每个中国人都能量满满的时候，中国这条巨龙才能腾飞！

于是我决定提笔写我的处女作《父母能量加油站之一：培养孩子的高智高能》。

《父母能量加油站之一：培养孩子的高智高能》是中国父母必须成长阅读的培养幸福少年的手册！

当你每天给自己加满油，父母也就成了教育家！

坚持成长，你就会是创造奇迹的人。

我自己就是一个奇迹。我从一个农村走出来的小女孩，没有背景，没有学历，没有资源；从以前自卑到都不敢接电话的小女孩，到今天可以站在千人会场演讲，成为影响许多人的老师，我已经跨越了很多艰难险阻。

在很多人眼中，我是成功的榜样，我是被崇拜的对象。虽然我每天都在激励着很多的人，但事实上我还在苦苦挣扎、拼命超越！

但有一点，我感到非常兴奋，在这40年的奋斗之路上，我发现了一个真理：人的潜能无限！相信自己，就能创造奇迹！怀疑自己，人生就会在可怜、悲惨中度过！

每个人其实都是一座宝藏，"相信自己"是人生最重要的品格，"I can！"是家庭给孩子最宝贵的财富。

可悲的是，我的父母并没有给我这把"最重要的钥匙"。因为他们的父母和他们所处的时代，也没有给他们这把钥匙。

我在黑暗中苦苦摸索，当我发现这把钥匙的时候，已经年过40了。其实，成功根本不用等到40岁、30岁、20岁，就可以很成功！

"相信自己"就是人生成功的第一步！言传不如身教，身教不如"境教"，环境教育对一个人影响太重要了。

我告诉大家一个秘密：

凡事只要你热情地去做，全力以赴地去做，你就可以开发出蕴藏在你身上的巨大能量，这股能量可以改变你的人生！

因为我曾经就是这样走过来的！

找到自己的热爱，就大胆去追求吧！千万不要管别人怎么说，不要管别人怎么看，只要热爱，就有可能获得巨大的成功！因为他们怎么能理解你那深刻的热爱呢？

积极的态度会带来积极的结果，因为态度是具有感染力的。

送给大家一句话：坚持住，你就是下一个奇迹！

目　录

序言　001
前言　003

第一章　父母对孩子的学习了解多少　001

第一节　决定孩子学习好坏的因素是什么　002
第二节　父母的改变成长对孩子成功的作用　007

第二章　如何激发孩子动力让他爱上学习　023

第一节　抓住人性的特点　024
第二节　为什么打骂有效果　027
第三节　为什么打骂无效了　028
第四节　可以让孩子快乐学习吗　031
第五节　快乐学习有效吗　034
第六节　打骂可用但不能依赖　039

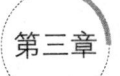

第三章　如何用心力激发动力　041

第一节　神奇的力量　042
第二节　如何引导孩子的自我价值　045

第三节 教育的真谛是什么　054
第四节 孩子为什么会自我堕落　062
第五节 重塑孩子自信的"九个一"工程　097
第六节 重塑孩子自信的四种金句　108
第七节 孩子的成就感到底来自哪里　128
第八节 孩子的负面观念是怎么形成的　132
第九节 改变命运的秘密法则　166

第四章　利用哪几种关系可以激发孩子动力　169

第一节 有爱就有动力　170
第二节 关系状态与动力级别　172

第五章　利用灵性层面的特点激发孩子动力　215

第一节 灵性与动力　216
第二节 目标成功三步法　220

第六章　我的小天使温暖着我的心　223

致老妈的一封信　227

第一章

父母对孩子的学习了解多少

第一节 决定孩子学习好坏的因素是什么

在很多课程现场，我都会做一个调查：希望自己孩子爱学习的家长请举手。

几乎每次都是100%的家长把手举得高高的，甚至有人夸张得把两只手都举起来，可见让孩子爱上学习对家长来说是全民的刚性需求。但孩子们的反应却和家长们截然不同。据统计，高达95%的孩子都不喜欢学习，甚至有相当一部分孩子非常讨厌学习。在我们"幸福少年领袖营"（激发孩子的动力训练营）中，很多中学生直言不讳地告诉我，他们不喜欢学习。家长和孩子关于学习的态度存在矛盾：一方面是家长希望孩子爱上学习，另一方面是孩子自己不喜欢学习。

如果这个矛盾不解决，结果往往是家长希望落空，孩子人生痛苦。

我们来思考一下真正决定孩子学习成败的因素到底是什么。家长谈到孩子的学习问题时，往往有这样的描述：不认真、不努力、不想学、粗心马虎、注意力不集中、作业慢、拖拉、考试得不到高分。其实，家长所能想到的关于孩子学习状态不好的所有词语最后归结起来，无非就两个因素：一个是学习的动力，一个是学习的能力。

学习动力决定孩子愿不愿意学习的问题，动力不强意味着孩子不想学习、没有意愿，平常说的没兴趣、不想学等都属于动力问题。

学习能力决定孩子能不能胜任学习的问题。作业慢、粗心、马虎、注意力不集中等则属于能力问题。动力和能力处在一种相互作用的关系当中，有了动力，没有能力，那么结果往往是失败的。长此以往动力也会受到影响。我们可以形象地概括为没有动力走不动，没有能力走不远，动力是学习的根，能力是学习的本。

教育者只有抓住了动力和能力这两个要素，才算真正抓住了教育的根本。

那么动力和能力哪一个更重要？为了方便父母的理解，我用一个寓言的小故事来说明动力和能力的关系：

有一天，猎人去打猎，他一枪打中了一只小白兔的后腿，猎狗马上冲上去准备抓住小白兔。可是小白兔不想坐以待毙，拼命逃跑。最后竟然逃脱了猎狗的追捕。小白兔逃回家后，它的父母非常惊讶："孩子，你怎么会在受伤的状态下，还能逃脱强大的猎狗追捕？"小白兔说："妈妈，如果我被猎狗抓住了，我就没命了。如果猎狗抓住了我，最多也就奖励到一块肉而已。所以，在跑的过程中，我是拼了命地跑，而猎狗就未必会拼命去追。"这个故事中，小白兔之所以能战胜强大的猎狗，不是因为能力强，而是因为内心的动力更足。当一个人内心动力足够强大时，他是可以弥补能力上的不足的。

所以，我们经常会发现一种现象，那些成绩最好的孩子并不是最聪明的，而是那些有目标、动力强的孩子。动力就像一辆小汽车的发动机，孩子如果没有学习动力就像小汽车的发动机没打开，即使是奔驰、宝马的发动机，就算是妈妈在前面拉、爸爸在后面推，发动机本身没有启动，车子肯定是跑不起来的。

　　所以，想要孩子爱上学习，首先要做的就是激发孩子的学习动力。但是有一个问题要请大家思考一下：孩子是在小时候更有学习动力，还是长大了以后更有学习动力呢？

　　我做过大量调查，当家长们带着孩子来到我办公室时，有一个现象非常明显：如果家长带来的是一个年龄较大的孩子，基本上都是低着头，坐着一动不动，问一句答一句；如果带来的是上幼儿园的孩子，这些孩子就会一直不停地东摸摸，西抓抓，甚至盯着我问这问那，弄得很多家长还会不好意思，甚至跟我打招呼表示抱歉或者去管控孩子。

　　不知道各位家长能从这一现象中发现什么？每个孩子小时候都对世界总是充满着好奇，充满着探索世界的欲望，而这种好奇和欲望其实就是最原始的学习动力。每个孩子都是带着学习动力来到这个世界的，可是为什么经过若干年的教育，孩子一天天长大后，反而失去了人生这一最重要的动力呢？

　　简单来说，那些学习失败的孩子在成长过程中，大概会经过以下三个步骤：

第一步：能力不足

　　学习失败孩子的动力是与生俱来的，但能力却是经过后天训练的。

由于父母对学习能力并不了解，也不知道如何训练孩子的学习能力，有些孩子在成长过程中没有得到训练，直接导致了学习能力的不足。当孩子能力不足时，遇到超出他的能力范围的学习任务就会遇到障碍；遇到障碍无法解决时，就会导致学习的失败。

第二步：负面评价，自我设限

按道理，在孩子学习失败后，作为教育者应该去帮助孩子提升能力，跨过障碍重新获得学习的成功。但是实际的情况却是当孩子学习失败的时候，我们给予孩子的不是指导，而是指责；不是训练他的能力，而是训斥他的态度；我们会评价孩子不要好、不认真、不努力，甚至说孩子笨、没出息。孩子在小的时候并不具备自我评价的能力，而是自我评价依附于他人评价。当他发现别人都在给他负面评价，并且经过抗争仍发现无法达到家长们希望的样子时，他的内心也终于相信自己是不行的。可能是笨的，可能天生是慢的，最终形成负面观念而不再前进。

在心理学上，这种情况称为自我设限。一个孩子自我设限后，内心非常痛苦，可是他却不知道如何解除这些痛苦，因此会产生一些怪异想法。他们希望证明自己，但又认定无法用学习成功来证明自己的，于是他们会做出一些出格行为来吸引别人的注意力。比如上课不认真听课而是做搞笑动作；为了证明自己故意在某些场合大声喧哗；他们还可能故意跟老师或家长对抗，甚至因为仇恨去报复老师或家长。也有一些孩子认定自己是不行的，会放弃自己，完全没有主见，再也不敢表达自己的想法。在这个时候，我们看到的都是孩子的不良表现或者偏差行为，老师或家长一旦不理解这些行为背后的心理成因，就会更严厉地给予负面评价或打击，这些孩子则会慢慢地彻底失去学习的动力，直到一步步走向学习失败。几乎每个学习失败的孩子都在这条路上行进着，这就像一个陷阱，一不小心就会滑落进去，一旦孩子掉进去想出来就太难了。

所以，我们会看到那么多学习失败的孩子，即使有些孩子目前学习还可以，但都是战战兢兢，内心充满恐惧，不知道哪天就会失去动力。所以，今年决定开设孩子爱上学习训练的动力营。

如果明白了这些原理，孩子的问题就不难解决了；如果你的孩子目前年龄还小，学习动力还没失去，你需要把主要精力放在孩子的能力训练上；如果你的孩子年龄已经比较大，或者他已经失去了学习动力，你就要重点激发他的学习动力，同时要训练他的学习能力。不然即使动力出现，因为能力不足仍会导致失败，还是会重新掉入那个恶性循环的陷阱。

如果你的孩子现在年龄还小，那我要恭喜你。因为你的孩子从今天开始可能接受到更正确的教育，从而使得他不至于掉进那个陷阱。

如果你的孩子已经掉入那个陷阱，你才认识老师，那我也要恭喜你，因为从今天开始，只要你重新使用正确的教育方法，他就不会在那个陷阱中越陷越深。

如果你能遵循教你的原理和方法进行合理的训练，你就很有可能把孩子尽快拉出陷阱。我们在全国开设了如何让孩子爱上学习的父母课程，旨在帮助家长通过学习了解孩子学习优劣的原因，掌握解决孩子学习动力不足、能力不够问题的训练方法，从而让家长们能够更好地帮助孩子。

为了让更多家长能学习本课程，我决定出书。我希望所有的家长通过学习能真正成长起来，用自己的力量去帮助自己的孩子。本套书包含动力篇和能力篇。

如果你希望孩子爱上学习而成为学习的强者，一定要帮助孩子激发动力提升能力。这本书是以分析孩子动力为主的，另外一本是专门指导如何提升能力的。

从下一章开始，我们将从不同的层面分析孩子的动力来源以及怎样激发孩子的学习动力。书中会讲到一些动力营中孩子变化的案例，都是真实的。考虑到个人隐私，将不出现真实姓名。

第二节 父母的改变成长对孩子成功的作用

1. 父母决定孩子的学习动力

通过接触大量的孩子，我发现有很多孩子很聪明，学习却不是很成功。我以为这是学习能力出了问题，我通过大量家庭教育的学习，又参考了很多国外的理论和做法，我发现孩子的学习意愿不强，是因为缺乏内在学习动力。于是我们又开始研究如何激发孩子的学习动力，并请到著名的学习动力训练专家，开发出专门训练孩子学习动力的课程。经过学习动力的提升训练，孩子们的变化非常大，几乎所有的孩子经过训练后都重新找回了动力，带着强烈的意愿回去好好学习了。

但我们遗憾地发现，有些带着满腔热情回去的孩子，过不了多久又重新回到动力消失的状态。开始的时候，我百思不得其解。后来，我们对经过训练的孩子跟踪观察，终于发现原来是父母的教育方式对孩子造成的影响。有些孩子动力找回来了，但父母的一些不当的教育行为又重新将他们"打回原形"。只有父母不断学习，打造好家庭的正能量场，孩子才会持续的成长、进步。父母自身的观念、思维、情绪、学识水平、夫妻关系、事业状态对孩子都是有影响的。家庭才是孩子动力的充电桩，父母才是给到孩子动力的充电宝。富不学富不长，穷不学穷不尽。

2. 父母的观念决定教育行为

我曾经在讲课现场做过一个测试，我拿一张面额100元的人民币，用手拿着举在胸前，然后连问三遍：各位家长你们看到什么了？家长们连续三遍回答我是100元人民币。我又跟家长们连问了三遍：你看到了什么。有人说"钱"，有人说"一百块"。我很遗憾地说："竟然没有人说看到了老师。"现场家长这才反应过来，立即哄笑一片。

这个测试我做过很多次，如果我没有提醒，现场的家长们真的只会看到钱，如果你在场想必结果也是如此。

测试虽然有点好笑，却能看出很大的问题。钱虽然值钱，但他们却忽略了后面这个人比钱更值钱。当一个人眼睛的聚焦点在钱上时，他就会忽略钱以外的所有东西。

每天早上我都会在抖音开直播，爱学习的人就会感觉：老师讲得特别棒，我特别受益。

如果是被逼着来的人，那么你的心思会用在"老师的普通话也不是特别标准""语速有时候也太快了""听不清楚""有时候说话还不太合逻辑"等方面。

你可能会发现很多问题，因为你的眼睛是聚焦在缺点上的。那如果这"一百块"刚好是老师的优点，你就会觉得今天赚到了。

你会觉得老师的普通话还不错，思维也很清晰，老师讲的内容真的很接地气，你会看到老师更多的好处，因为你的眼睛是聚焦在优点上的。

同样的道理，如果这"一百块"刚好是你孩子的缺点，你会觉得自己倒霉透顶了，怎么就生了这么一个没有出息的儿子呢？他身上怎么到处都是毛病和缺点？

如果这"一百块"刚好是孩子的优点，你就会觉得幸福无比：自己简直太幸运了，儿子简直太优秀了。

如果这"一百块"刚好是老公或老婆的缺点，你就会想：我瞎了眼怎么嫁（娶）了他（她），你看他（她）一点都不爱我。他（她）对你的好，你都不记得了，只记得他（她）曾经对你的不好。

如果这"一百块"刚好是你老公或老婆的优点，你会发现你简直太幸福了。

当你的眼睛聚焦在优点上，你就会感觉到优点的状态；当你的眼睛聚焦在缺点上，就会感觉到缺点的状态。

看缺点多的人活在缺点的世界里，看优点多的人活在优点的世界里。

但非常可悲的是，家长们看到的缺点远远多于优点，这不是一两个人的特例，而是我们人类普遍的特点：更容易看到别人的缺点而不是优点。所以，有的人总觉得人生痛苦，这是因为你总是看到别人的缺点而不是优点。一旦看到别人的缺点，你就会忘记别人还有那么多优点，这是你人生痛苦的根源。

由于我国的国情和教育现状，我们的家长教育孩子时更容易看到缺点，大部分家长都有这样一种心态：优点不说跑不了，缺点不说不得了。

一次，有位妈妈到我办公室就说："孙老师，我听了你的课收获很大，请你再指导一下我该怎么教育孩子。"说完交给我一张纸："孙老师，你先看一下我孩子的情况，我们再聊。"我拿过来一看就傻了，因为纸上写的总标题是《我儿子的缺点》，然后依次罗列了生活方面的缺点、学习方面的缺点、品德方面的缺点、习惯方面的缺点，分门别类写得清清楚楚。

我忍不住就问："你是不是做会计的？"那位妈妈说："老师，你怎么知道的？"我说："只有会计才能写得这样清晰啊。"又问她："你是孩子亲妈还是后妈呀？"她马上回答我："是他亲妈。"

她回答完了，想想不对哪有老师这样问问题呀，然后说了句："老师，我急呀。"我说："你急的心情我可以理解，但你的做法我不能容忍。哪有亲妈这样看自己的儿子的？你看你写了儿子这么多缺点，难道儿子身上没有优点吗？你给我找个孩子的优点，好不好？"我讲完这个话，那位妈妈的反应可有意思了，她说："老师，优点也不是没有，反正就在那里又跑不掉。我要跟你讲讲缺点，看怎么解决他的缺点。"这就体现了大部分家长的观念："优点不说跑不掉，缺点不说不得了。"这就是我们中国绝大部分家长所持有的观念。但很可惜的是经过这样的教育，孩子的缺点不但不会变少，反而会越来越多。

我们所谓的优点或者缺点只是我们对一种行为的主观评价，如果今天有个孩子抽烟，你可能会觉得这是个缺点，但说不定将来在社会上就因为这个孩子有抽烟的习惯，能够跟别人很快地熟络起来，说不定他是个销售高手，像我们这样不抽烟的人跟人打交道说不定就没那么随意。

我给大家说个案例：我小时候的一位同学，他的奶奶生病了。父母去外地照顾他的奶奶，给他和弟弟留了点儿生活费。他们都是孩子，感觉在家里终于自己说了算了，可以随便花没人管了。弟弟嘴馋，把钱都用来买了零食和饮料。没想到他的爸妈提前回来了，看到家里满地的塑料瓶和垃圾袋，母亲黑着脸就问："这是怎么回事儿？"他的弟弟哇地一声就哭了起来，边哭边说："当天那钱就被偷了，这几天我们俩就靠捡一些废品过日子，我们还问同学借了不少钱。"爸妈听了以后，泣不成声，给了钱让他们马上去还给同学，然后还给他们俩做了一顿好吃的，安慰他们。

我至今都不敢相信，这是一个8岁的孩子能说出来的话。他的弟弟现在已经是一家上市公司的老总了，而哥哥现在显然过得没有弟弟好。我学过了家庭教育情商课程了以后才知道，哪有什么优点和缺点，就是一种行为而已。

所谓优点和缺点来自你的心态调整，世界无好无坏，全在你的心态。人类的行为是跟神经有关联的。神经的特点就是用进废退。如果刺激了它，它就会变强大，相应的行为也会越来越多。如果不刺激它，它就会萎缩，相应的行为也会越来越少。

举个通俗的例子：如果大街上有个小猴子，这个小猴子走到你面前朝你敬个礼，然后你就会很开心很客气地给它一个香蕉。

下次这个小猴子见到你，就会继续向你敬个礼。当它下次朝你敬礼时，你再丢个花生米给它，那猴子下次见到你时还会继续敬礼。

这是因为你的"刺激"让这种行为强化了，所以敬礼这个动作就会一直出现。那假如说这个小猴子见到你，朝你敬个礼，你不但不给它香蕉、花生米，还鄙视它一眼就走了。这样连续几次，小猴子再见到你，它会怎么做？它鄙视你一眼，也走了。

这是因为行为被忽略了，没得到强化，该行为就不见了。

如果一个孩子的行为是缺点的话，你一直提起、强调、追究其实就是在强化。你一直强化，缺点就越来越多。如果孩子身上出现了一个优点，你总是视而不见，也不赞美也不关注，那孩子的优点就慢慢不见了。所以，我们要调整自己的观念，争取做到一种状态，叫"优点不说不得了，缺点不说不见了"。

什么意思呢？

看到优点要说出来，可以赞美欣赏。就像小猴子敬礼的行为被强化了以后，这个优点就会越来越多。看到缺点，眼睛要闭起来，好像没看见，忽略掉它，慢慢地孩子这种所谓缺点的行为就会变少，甚至不见了。这叫作"优点不说不得了，缺点不说不见了"。

所以，以后我们要多看优点，少看缺点。多看人家的优点和多看人家的缺点是不一样的。

我要送两句话给你们："看人缺点叫'收脏'，看人优点是'聚灵'。"

你总看人家的缺点，就把人家身上的脏东西收到自己身上来了。看多了缺点，心情受影响，情绪会失控，慢慢地你也会怨气连天，怎能不"脏"呀？那如果你看别人的优点，结果就会变得不同。当看到别人的优点时，你就会有随喜之心，不知不觉你就想去模仿，就希望跟他一样，慢慢地你身上就会有他们身上的优点，所以就把灵气聚到你的身上来了。如果想让人生更幸福，教育孩子更容易、更成功，我们一定要少看缺点多看优点，少'收脏'多'聚灵'。

3. 学习与改变同步才能有效

父母对孩子的动力有很大影响，但是父母们又有一些错误的观念、错误的行为存在。所以，想要真正教育好孩子，父母的学习至关重要。现在流行一句话："父母好好学习，孩子天天向上。"

但很多时候父母也去学习了，看书看视频甚至到现场听课，但学习的效果好像并不令人满意，这又是为什么呢？

我们先来看一个公式：学习改变能量。

现在家长的知识水平越来越高，有很多人也在很认真地看书、看视频、外出听课，通过学习大脑中储备了足够多的知识，学习的量已经达到了。但是假如他只是很努力地学习，却从来不改变自己的行为，那也没什么效果。

当然，也有些家长他们经常改变。这些家长在教育孩子的时候，什么方法都用过，但无非是小棍子打到大棍子，木棍子打到铁棍子。这样的家长在改变的量上是有，但是他们从来不学习，在学习的量上没有，结果依旧是不理想。常言道，一个人的成功需要四种人："高人指点"、"贵人相助"、"亲人鼓励"、"小人监督"。

有时，我们自己辛辛苦苦研究许久，却不如高人一句话给我们的启发。教育亦有规律可循，我们通过学习将别人埋头研究多年的规律，通过很短的时间加以学习，内化为自己的能力，以借力的方式实现自己的提升，这样的学习可以说是十分划算的。

父母是一辈子下不了岗的职业，所以在教育孩子方面，我们也要不断地学习。学完之后，我们还要利用自己所学的知识来改变自己的行为。这样人生的结果，自然而然地就会发生变化。

学习有两个阶段，第一阶段叫"明理"，明理就是明白道理。只有原理弄明白了，知道这件事为什么可以做，那件事为什么不可以做，我们才知道前进的方向与方法。

例如：饭桌上男孩突然放下了手中的筷子，说："妈妈，我不想用筷子吃饭了，我想用叉子。"

爸爸听了怒吼："你又不是外国人，用什么叉子！"

妈妈制止了爸爸，拿起手中的筷子，对儿子说："儿子，你知道筷子的含义吗？

筷子长七寸六分，代表人的七情六欲。

七情就是喜、怒、哀、思、悲、恐、忧。

六欲就是人的眼、耳、鼻、舌、身、意，代表着人的生理需求。

筷子成双成对，代表着阴阳相对。

用筷子的五根手指，代表金、木、水、火、土。

而且筷子一头圆一头方，代表着天圆地方。

手在筷子中间，代表天地人三合一。

另外，在使用筷子的时候，也非常有讲究。力气太大，夹不开；力气太小，夹不住菜。这表示啊，人在天地间应该懂分寸，知礼节，更应该知道天高地厚。

儿子，中国有五千年的传统文化，既有包容心又有进取心。老祖宗的这份传统的智慧值得我们骄傲。作为中国人，无论走到哪里都要记住这一份骄傲。"

听到这里，爸爸笑着说："老婆，听你说了这么多，我感觉这么多年我都白用筷子了。"

儿子也重重地点了点头，说："妈妈，我要用筷子吃饭。"

孩子是一张白纸，他的未来如何成长，全靠父母如何涂抹。

懂教育的父母会在日常教育中融入中华传统文化，让孩子懂得传承，更懂得老祖宗留下来的人生智慧。

原理明白之后更重要的是第二个除阶段，叫"实修"，实实在在地去修行，就是把学到的知识用起来改变自己。明理的过程就是我们学习的过程，实修的过程就是我们改变的过程，或者明理的过程就是"知"的过程，实修的过程就是"行"的过程。最后，我们达到知行合一，这才是学习的最高境界。

4. 改变才有新结果

好多父母没有学习之前，总是想改变孩子，但是学习了之后，才发现要改变的是自己。但改变是比较难的，这是我要跟大家强调的，不然很可能你只是通过本书增长了一点知识，就感觉自己懂了会了。

有人曾经问李嘉诚："李嘉诚先生，请问你的事业为什么会那么成功呢？"李嘉诚说："敢于改变自己。"

有人对马云说："你真幸运，困难都挺过去了。"马云说："当我改变的时候，我知道会越来越好。只有改变我们才能得到不一样的结果。"想要得到新的结果，就必须改变原来的模式。你想让孩子更优秀，这是一个新的结果，那就必须打破原来旧的教育方式，用新的教育方式。也许你现在已经下决心要做出改变，但我要提醒你改变不是那么容易的。有很多家长在现场听完我的课激动不已，发誓回家后不再打骂孩子。可回家后看到孩子表现不如意，忍不住又打了，打完后又后悔，这样家长的能量就会被越拉越低，以至于后来都没信心教好孩子了。

巴西是足球王国，有许多世界上著名的球星都来自这里，比如罗纳尔多、小罗纳尔多、里瓦尔多。

世界杯比赛之前，巴西足球队队员每天都在一起认真训练，铆足了劲想拿世界冠军。有一天，球员们正在训练的时候，突然发现旁边有一栋大楼起火了，这帮球员马上就跑过去准备救援。当他们跑到那里时发现已经晚了，唯一的通道被大火给封住了。

就在这个时候，突然五楼有一位大嫂在阳台上喊："救命啊！救命啊！"大家都想去救，可是谁都没办法救她。这时候，有一个球员发现大嫂手上还抱着一个小孩就喊道："大嫂，我们实在救不了。要不这样，你把孩子抛下来，我们先帮你把孩子给救下吧。"这位大嫂却说："怎么可以？我把孩子抛下，万一你接不住，摔死了怎么办？"

在危险面前，一位妈妈宁愿把孩子放在身边，也不会轻易交给别人。这时候大家就没辙了，人家不相信我们呀。就在大家束手无策的时候，有一个人就站了出来。此人个子很高，大概两米。他对着楼上的大嫂，非常肯定地讲了一句话："大嫂，你把孩子抛下来。我用我的生命向你担保，我肯定能接住孩子。"大嫂就问："你是谁呀？你吹什么牛？我凭什么相信你？"那个人讲了一句话："大嫂，我就是巴西国家队正选的守门员。"听了这句话大嫂就想了，这是个守门员，无论哪个角度来的球他都能够接住，我这样抛下去他应该能接住。想到这里大嫂就相信了，情况也比较紧急，大嫂往前一步一个抛物线就把孩子抛下去了。

只见那个守门员往前一个箭步稳稳当当地把孩子接住，然后抱在了胸前。

他把孩子抱住之后，他的队友们可兴奋了，全部来到身边给他鼓掌祝贺，还不断地用语言赞美："太棒了！""太漂亮了！""太完美了！""简直是个世界级的扑救啊！""这个可以载入史册啊！"但就在这个时候，守门员抱着孩子警惕地左边看一眼，右边看一眼，然后绕过人群往前助跑三步，做了一个动作——把孩子抛起，一脚踢飞了。守门员把孩子踢飞之后，他就马上意识到自己犯错误了。

可是他为什么会犯这个错误呢？因为习惯，因为过去无数次训练的时候都是这样。因此，他这次把孩子接住后，又习惯性地把孩子当成球踢出去了。

一个人的习惯会左右他的行事模式，你明明知道那样，但是结果却会做成这样，因为人都活在习惯中。人会活出习惯的模式，而不是正确的模式。

比如，有些妈妈之前听过我的课，她就会说："老师，您放心。

下次我再也不会轻易地批评孩子，我要跟他多沟通。"可是回到家看到孩子表现不好，她就忍不住又骂了。她虽然下决心不再骂孩子，可是仍然骂了，因为骂孩子已经成为她的习惯了，她活出了习惯的模式而不是正确的模式。亲爱的家长们，千万不要以为你多成功、多聪明，再聪明的人也都活在习惯中。

5. 改变是困难的

我曾经在讲课现场，带着家长们做过一个简单的活动：先把双手五指张开，然后双手快速五指交叉合在一起，你就会发现每次手指交叉的时候，要么左手大拇指在上，要么右手大拇指在上。这个手指交叉的动作就是人的习惯。这时，我就要求家长们把手指交叉的方式改变一下，本来左手大拇指在上的改成右手大拇指在上，本来右手大拇指在上的改成左手大拇指在上，然后我问他们有什么感觉。他们反馈的词语是别扭难受，不习惯，不舒服，总结一下就是改变是痛苦的。

正是因为我们生活在习惯当中，所以改变才是困难的，是痛苦的。所以，要想做出改变，必须下定决心跳出原有的习惯，摆脱舒适圈。改变是痛苦的，所以很多人总想让他人改变，而自己却不想改变。

大家记住一句话：改变别人是神经病，改变自己才是神！

有心理学家做过一个实验，他把一只活蹦乱跳的青蛙抓起来先丢到一个烫水锅里，结果那只青蛙一下就蹦出去了。可能皮肉受了一点伤，但最后它活下来了。第二次，他又把一只活蹦乱跳的青蛙抓起来丢到凉水锅里。在凉水锅里青蛙就很舒服，就不愿意动了，但是它并不知道锅下面有火正在加热。刚开始是凉水，后来凉水慢慢地变成了温水，青蛙感觉更舒服了，温水后来又变成了热水。变成热水以后，青蛙感觉有一点不舒服，但它仍然存着侥幸，心里在想：再等等，再等等。等到最后热水变成了烫水，它觉得不能再等了，得赶紧走了。可这个时候，他突然发现浑身没力，最后竟然跳不出去了，被活活地烫死在锅里。这就是我们常说的温水煮青蛙的故事，正所谓"不知不觉断送一生，所见所闻改变一生"。

6. 如何有效改变

当一个人长时间待在舒适的地方，他的能力就会慢慢退化。当危险真的来临的时候，可能就没有力量来拯救自己了。当我们遇到困难，甚至是痛苦的时候，反而能够激发自己的潜能。心理学家根据这个现象总结出人活在两个区域，其中有一个区域叫舒适区，另一个区域叫危机区。

舒适区的意思就是在那个地方，我是熟悉的、安全的、快乐的、容易的、喜欢的……一句话，我在里面是舒服的。

另外一个区域我待着是不太舒服的，叫危机区或者叫危机圈。危机区就是比较陌生的、难受的、讨厌的、危险的、疲劳的……

绝大部分人喜欢待在舒适区，但是舒适区里的机会是有限的，而这样的数量差就会导致一个结果，竞争非常激烈。

这个时候我们很多人就会发现，拼死拼活都不容易捞到一个机会，但是危机区的里面情况则恰恰相反，我们遇见的是有限的人数和较多的机会，所以在这种情况下我们更容易获得机会。我们发现很多成功的人都胆子大或者脸皮厚，其实就是他们做的事，我们不敢或者不好意思去做，就是他们进入了危机区，而一般人还活在舒适区。所以，想要事业更成功的话，我们经常要突破舒适区，进入危机区。

同样的道理，我们教育孩子也一样，要经常地突破舒适区进入危机区。有时教育的过程越痛苦，我们获得的成长可能会越大。改变就是让自己不舒服，就是让自己进入危机区。只有我们敢于改变，敢于进入危机区，我们的人生才有可能获得更大的发展。不过，说起来容易，做起来还是比较难的。毕竟改变是让人痛苦的，所以有时候也许别人推你一把，你才能真正地去挑战危机区。

一个国王年纪大了，他只有一个女儿，于是他要招一个女婿，把女儿和国家都交给他。所以，他觉得一定要考验考验那个小伙子，不然怎么看得出他对我的忠诚度呢？他就让女儿坐在一个池塘边的亭子里，打扮得非常漂亮，然后丢了很多条鳄鱼在池塘里面，接着让人在亭子对岸画一条白线。国王宣布了规则：哪一个人敢从对岸跳下池塘，并且能够游过来上岸，那他就能成为公主的丈夫，未来的国王。

想当国王的小伙子很多啊，但他们都站在池塘边，没有一个敢下水，因为毕竟那么多鳄鱼在里面。终于有一个小伙子"噗通"一声就下水了，下水之后他用最快的速度游到了对岸，竟然安然无恙地成功了。他上来之后，老国王非常高兴地说："小伙子你太勇敢了，你就是未来的国王。"结果小伙子一点都没有高兴，他转过身体看着对面就生气地问:"刚才谁把我推下去的?刚才谁推我的?"原来,这个小伙子不是主动下去的,他是被别人推下去的。这个时候,国王突然问了一个问题:"小伙子,你难道不应该感谢那个推你的人吗?"小伙子突然才想起来:是啊!原来人家推我一把,我竟然成功了!

所以,我们在前进的道路上,很多时候是需要别人推一把的。

比如说,也许孩子今天表现得并不优秀,但这正是推动父母来学习的动力。让父母能够进入鳄鱼池获得更多的成长机会,那你就真应该感谢孩子的不优秀了。如果今天夫妻关系出了点问题,逼着你开始学习,通过学习重新获得了良好的夫妻关系,人生过得更幸福,那真应该感谢那段不完美的关系。有人推动固然好,但是假如没有人推动,那我们就要自己努力,主动突破舒适区进入危机区,这样才能让自己收获更大。

送给父母几句话:做自己不敢做的事,做自己不想做的事,做自己没做过的事。

在本书后面讲述的内容中,有些可能是挑战你的观念的,有些可能是挑战你的胆量的,有些可能是你从来没有听说过的,但不管如何,只要你愿意进入那个让自己成长的鳄鱼池,我相信你是会有收获的。

我们一起激发孩子的学习动力吧。

你准备好了吗?

第二章
如何激发孩子动力让他爱上学习

第一节 抓住人性的特点

我们知道了学习动力的重要性，但孩子的动力到底来自哪里呢？我们又该怎样激发孩子的学习动力呢？很多人可能根本就没有研究过，你学习完下面的内容后，可能会发现很多方法你都用过。但你从来没有分析过，这样做对在哪里，错在哪里，到底符合不符合原理。

当你遇到孩子突然没有学习动力的时候，也不知道该怎样重新激发孩子的动力，那下面我们就来探讨孩子学习动力的原理以及协助你激发孩子动力的方法。

人的第一个动力来自生理层面。生理层面的动力是遵循一个法则的，这个法则只有八个字："逃避痛苦，追求快乐。"

有一次讲课，我就问："亲爱的孩子们，每天晚上回家是不是都要做家庭作业呀？"孩子们有气无力地说："是。"我又问："家庭作业是不是让你们心里不太爽啊？"他们十分坚定地回答说："是。"我说："即便你心里感觉不太爽，你是不是也要完成啊？"他们又说："是。"我说："老师就很奇怪了，为什么你对做作业并不爽，你并不喜欢做，为什么你还要完成呢？"这时候，小朋友们你一句我一句地讲开了。有一个年龄稍大一点的同学一本正经地举手，我就让他起来回答，结果他站起来反问我一个问题："老师，请问你要我的标准答案，还是我的真实想法？"孩子挺有意思的，他在说话的时候，会知道什么场合能说什么，不能说什么，甚至他会专门说一些迎合需要的话，这些都是标准答案。我说："两个答案我都想听一听。"这时候孩子站得笔直讲了一句话："老师，标准答案就是我现在要好好学习，长大报效祖国。"我又问他的真实想法是什么。这个时候很有意思，他就把身体松下来了，然后说了一句："老师，真实想法就是今天如果不做，明天到教室里要罚做两遍，更倒霉。如果老师给我妈发一个添油加醋的短信，回家搞不好是女子单打，也有可能是男子单打，最惨的是男女混合双打。"

也许你不理解，写作业是痛苦的，他应该逃避才对，怎么反而愿意做呢？原来，这个孩子非常清楚，如果今天不做作业后果会很可怕。他可不是有伟大的梦想，也不是有什么爱学习的兴趣，主要是他知道不做作业的后果更痛苦，所以他是为了躲避这个更大的痛苦，才选择做作业这个相对轻一些的痛苦。一个人在选择的时候，很有意思，他会遵循一些基本的原则。

举个简单的例子说明一下。比如，今天下午老师突然给孩子们讲这样的话："同学们，我跟大家讲一下，今天下午我们上选修课。"所谓选修课，就是两堂课你任选一堂课就可以了。

老师说:"第一堂课是语文课,第二堂课是体育课。"你猜小朋友们会选什么呀?

体育课。因为体育课带给他们的是快乐。

体育课带来的是快乐,对孩子来说是利;语文课对孩子来说就是害,所以孩子会趋利避害。那如果老师这样说:"同学们,今天下午上选修课,第一堂课是语文课。"小朋友一听,没劲。老师又说:"第二堂课是数学课。"小朋友一听,还是没劲。不过,老师说不管你有劲没劲,你总得选一堂。小朋友选的时候就想了,哪一堂课对我来说痛苦小一点我就选哪一堂。这两堂课对我来说都是痛苦,都是害,那两害相权我会取其轻。当然,还会有这种情况,老师说:"同学们,今天下午我们有选修课,第一堂课是体育课。"小朋友们一听好兴奋地说:"老师我一定要选体育课!"老师说:"等等啊,不要着急嘛,第二堂是电脑游戏课,想玩什么就玩什么。"很多孩子马上又会说:"老师,体育课我就不要了,还是选电脑游戏课吧。"这两堂课我都喜欢,但电脑游戏带给我的快乐更大,我更喜欢。两个都是好的,这叫两利,那两利相权我会取其重。

人在遇到事件时,会很简单、很自然地做出判断,要么趋利避害,要么两害相权取其轻,要么两利相权取其重。

第二节 为什么打骂有效果

那我们再来看看孩子为什么会做作业。今天下午当孩子背着书包放学回家的时候,他就想了:"又布置这么多作业,倒霉死了,痛苦。"不过,他马上想到,如果不做作业会被妈妈揍一顿,那更痛苦。这个时候,他的内心会有一个计算:被妈妈打屁股那是八分痛,做作业大概是三分痛,一个是八分痛,一个是三分痛,那我还是选择三分痛的做作业吧。

一旦出现这样的情况,家长们就认为孩子怕打屁股,觉得这种方法很有效。如果你也这么认为,并且经常用打孩子的方法来逼孩子做作业,认为打骂是教育孩子的良方,那你就大错特错了!原来当一个孩子今天被打的时候,他感觉到的是八分痛。可是下一次他又犯一个错误,被妈妈在同样的位置又打了一下,他会感觉到好像没上次那么痛了,这次他感觉可能只有七分痛。下一次他又被打一下,可能就只有六分痛,到后来五分痛、四分痛……痛苦慢慢在减弱,这种现象叫作感受的递减法则,即在同样强度的刺激下,人的感受会随着接受刺激数量的增加而慢慢减弱。

家长们都谈过恋爱,估计很多人也经历过失恋,那么在失恋过程中,哪一次失恋最痛苦?好多人下意识地就会说是第一次,第一次失恋是最痛苦的。到后面再失恋几次慢慢感觉就没那么痛苦了，再到后来甚至麻木了。当你再失恋的时候，朋友又来安慰你，你就会说："没事，没事，这算什么事啊？逛个街，喝杯茶，就没事了。"

讲完这样的例子，我也常常同家长们开玩笑说：孩子有的时候，早一点谈恋爱也不是坏事。如果你的孩子在十四五岁时就开始谈恋爱，然后他失恋了。失恋了之后就会痛苦，这种失恋的苦楚在当时的确难熬。但再经历一些事情后，比如当他二十四五岁大学毕业的时候，他会发现在单位里那些同事二十四五岁都在谈恋爱，谈得昏天黑地、谈得死去活来为情所困，你知道你儿子怎么想吗？他会想："你们真幼稚，这种事我十四五岁就经历过了。"所以，这个孩子可能在那个时候的免疫力就会特别强，他就不容易受到伤害。其实，那个恋爱的"恋"也是练习的"练"。早恋就是早点练一练，练过了就不会受到伤害了。我不是鼓励孩子早点谈恋爱，但如果真有的话，就当是人生的一种历练，也不要那么紧张，凡事无好无坏，全在心态。

第三节　为什么打骂无效了

因为感受递减法则的存在，孩子被家长打了几次后，他的感受开始发生变化了。被妈妈打屁股其实没有那么痛，大概也就三分痛，可是那个倒霉的作业一天比一天多,他就会发现做作业的痛苦竟然变成八分了,打屁股三分痛,做作业八分痛,孩子就会重新选择了。

他心里在想:"我宁愿被你打屁股,也不想做作业了。"我见到这样的孩子挺多的。

有一次,一对夫妻一起把他们的孩子扭送到我的办公室。那个孩子表现出一副宁死不屈的样子,我了解到孩子才三年级,却把小拳头捏得紧紧的,眼神冷冷的。在父母说明来意后,我就对孩子说:"小朋友,我们聊聊吧?"他狠狠地说:"不聊!"

我又对他说:"还是聊聊吧,不聊的话你也回不了家,我也下不了班,配合一下吧。"孩子想想有道理,他说了一句话:"你叫他们出去。"他说的"他们"是指他的爸爸妈妈。这个时候,我就跟他的爸爸妈妈说:"两位家长,我跟孩子交流的时候,需要你们回避一下。"那对夫妻气冲冲地就出去了。父母出去之后,结果还没等我开口,那个孩子就一瘸一拐地走到我面前做了个动作,他把那个裤管一提起来,说了一段话:"老师,我告诉你,我爸几乎天天都要打我,他今天还用脚来踢我这里。到现在这个地方都痛,我怀疑受伤了。老师,我想请问你,我可不可以到法院去告他们?"才三年级的孩子啊,维权意识可强了。

现在有些孩子把《未成年人保护法》了解得比成人都清楚。我知道不能让孩子去告他父母,不然不成挑拨离间了吗?我只能跟孩子说:"孩子啊,按道理说是可以告的,但是你还是个未成年人,所以你不是一个独立的法律主体,就是告了法院也不会立案的。"我讲到这里,孩子说:"那算了我就不告他们了。"我就问孩子:"你爸爸为什么要天天打你呢?"那孩子说:"不就不学习,不就不做作业嘛!"我说:"孩子不做作业就要被打,你把作业做了不就不会被打了吗?你明明知道不做作业要挨打,咱们男子汉大丈夫,好汉不吃眼前亏,你把作业做了不就行了吗?"没承想这个孩子满不在乎地讲一句话:"他要打就打呗,反正也不会把我打死。老师我告诉你,每天晚上他们都会打我,不过打到九点半的时候,他们就停了。然后他们就会说一句话:'好了,今天不早了,赶紧洗洗去睡觉,明天再这样看我怎么收拾你。'哼!明天还是那一套。"

我听完真是大吃一惊。通过这几句话,也许家长们会更加了解孩子的心理。因为孩子非常清晰地知道:只要晚上熬到九点半今天就过去了。所以,他的概念非常清晰,只要今天不死,明天的太阳一定会照常升起。他把后果想得明明白白了,那个挨打的后果是吓不住他的。在这种情况下,他根本就不怕你打了。有些家长还以为打是有效的。一般情况下,孩子年龄小的时候或者刚开始打是有效果的,打到后来就没有效了。你打到后来孩子心里受伤之后,他可能就会怨恨你,亲子关系就会出问题,那就更可怕了。有些家长经常会问我这样的问题:"老师,我家孩子以前吧,我打一个屁股可以管一个星期,后来打一个屁股只能管三天了,再后来打三个屁股只能管一天了,到现在我打一顿屁股一转身都没用了,这是怎么回事呀?"看了上面的解释,我相信家长们现在应该都理解了。

打孩子还要分什么性格的孩子可以打。有些性格的孩子一旦打了，后果不堪设想。家长总希望找到一个方法能解决所有的问题，希望这个方法是万能的。今天发现打屁股是有效的，他以为就是孩子欠揍，从此就想用"打"来解决所有的问题。如果你这样教育孩子，早晚一定会死路一条的。

给大家一个原则，如果孩子不是触犯到了底线，千万不要轻易用这个方法。但是假设他真的触犯了底线，偶尔用一下也是可以的。你也不要觉得很多专家说不能打孩子就从此以后再也不打了，即使孩子无法无天了你也不打，那这个孩子将来就很可能没有办法教育了。教育的关键是把握这个度，教育可以说是一门技术，在很多时候更是一门艺术，其魅力就在你拿捏的分寸之间。

第四节 可以让孩子快乐学习吗

讲到这里有人可能着急了，因为除了打骂他好像没用过其他有效的方法，那么除了打之外，还有其他方法吗？前面我们说了除了逃避痛苦外，人还追求快乐呢。如果你能想办法让孩子把快乐跟学习联系起来，那么他自己就会去主动学习了。假如学习过程能够变得快乐，孩子就有动力了。

但是很多人并不理解这个概念,他说:"学习怎么可能快乐呢?"

有一次,我陪吴子钦老师出去讲课。主办方负责接待我们的是个小伙子,才20多岁,很客气。到中午吃饭的时候,他和我们坐在一起,他就开始讲了:"吴老师,你上午讲课讲得太好了。我感觉收获很大!老师,我觉得中国的家长现在都有点焦虑。等我有了孩子我一定要让孩子多玩,等到玩得开心了快乐了,他想学了我就让他学,你觉得怎么样?"

不知道大家有没有发现,今天有这样思维的年轻的家长其实蛮多的,他们以为让孩子多玩玩,孩子玩到后来自然就会愿意学了。你们觉得这个可能不可能?怎么可能呢!我们要知道,玩是相对比较开心的,学是相对比较痛苦的。人会追求快乐逃避痛苦,怎么可能玩着玩着就会主动学呢?那为什么会有很多年轻的父母会产生这种想法呢?都是一些西方教育思维影响的。西方的教育内容相对于我们的中小学而言,那是不知道简单了多少呀。相对而言,他们的教学过程也显得轻松很多,尤其是他们提出一个概念:要让孩子有一个快乐的童年,这个概念其实有很大的欺骗性。

所谓快乐的童年,也许更多指的是孩子的感觉,并不是说孩子学习就不快乐了。反之,如果对孩子放任放纵,未必能带给孩子真正的快乐。尤其当孩子需要跟外界接触时,当他需要受到外在约束的时候,如果他过去追求外在的快乐,这时反而会因为制约而产生痛苦。即使是美国人也强调:"自由来自不自由。"但我们的年轻一代把人家的东西一知半解地接收了过来,尤其是一些并没有多少实战经验的,所谓专家的推波助澜的说法,导致我们整个社会都有这样的认知倾向,其实这种论调已经把我们这一代青少年害苦了。

吴老师微微一笑,没有说话,我也不想直接打击他,所以我们就继续吃饭。但是这个小伙子很执着,后来他又问我:"老师,你觉得怎么样?"我觉得这也是缘分,正好引导他一下。于是我就跟他说:"小伙子啊,如果你真的这么做的话,我有很大的把握判断,将来你的孩子估计很痛苦,将来你也会很纠结,你教育孩子失败的可能性极大。"他听完就愣住了,说:"老师这个(方法)不对吗?可是我现在看很多书都这么讲,孩子要有一个快乐的童年,孩子要多玩。"

哎!他果然是受快乐童年这句话的影响,于是我继续对他说:"人家说要给孩子快乐的童年,要让孩子多玩。这句话本身也许是没问题的,但我们的理解可能有些问题。我从你的话中听出一种感觉,你把'学'和'玩'两者人为地对立起来了。如果那样孩子肯定喜欢'玩',而不喜欢'学'。你千万不要指望孩子玩着玩着突然就想学了,那是不现实的。到时如果达不到你想要的结果,你也会着急,你也会焦虑,那时你就跟目前你看到的很多家长一样了。如果真的要让孩子玩,那得有一个基本的要求。通俗地讲就是:玩中学,学中玩。这样孩子在玩的过程中能学到东西,学的过程也很好玩,将来他就会越来越喜欢学。"

他听我讲完这段话愣住了,一会又说了一句:"老师,这是一种理想状态吧,怎么可能啊?"我说:"怎么不可能啊,关键看你会不会动脑筋啊。你看在我们的学习记忆力课程现场,老师会从两个方面着手:一方面,就是把教材呈现的方式变得好玩。比如说,孩子们最不喜欢背诵、记单词,授课老师会让他们自己想想他的古诗词,想成一幅幅画面,让孩子们用形象的记忆方法,开心快乐地学习,背诵他认为难啃的'骨头'。另一方面,老师上课的时候也不是一个人讲了,经常会让孩子们站起来动一动,跳一跳啊,让孩子参与互动。总之一句话,老师如果能让学习的过程变得好玩,学生一定就会更有动力愿意学了。"

记住:激发你的是你想要什么。

第五节 快乐学习有效吗

有些家长还是蛮有智慧的,我发现她虽然不能让学习本身变得快乐起来,但是她能够给学习附加一些快乐。比如她会跟孩子说:"宝贝,妈跟你说,这次你要考了前三名,妈妈就奖励你一个,比如说汉堡啊,比如悠悠球啊,战斗陀螺啊什么的。"

家长们的方法很简单，这次你考得好，我就奖励你。她把奖励作为孩子的快乐来激发他的动力，请问这种方法有没有效果呢？这种方法好像还是很有效的，但如果使用不当就可能会没效果，也可能会产生后遗症。用什么东西奖励是很重要的，像我这个年龄的人，小的时候因为生活条件差，物质的奖励是最有效果的。

如果我妈跟我说一句话：这个星期好好学给你买一个肉包子，我相信一个肉包子起码让我一个星期都有动力；如果我妈给我买一个面包，我估计两个星期都有动力；如果给我买个苹果，可能半个月我都会有动力的。

但今天你要跟孩子说给他买苹果让他好好学习，你猜孩子有没有动力啊？估计不会有。孩子可能会想：苹果送给我吃，我都不想吃呢——时代不一样，用来奖励孩子的东西也不一样。

有的家长总动不动地说：你看妈妈小时候那么苦，你现在不愁吃，不愁穿，怎么还不好好学习呢？

今天的孩子已经不活在吃穿这个层面了，所以再也不要用吃穿这个层面来诱惑他了。

那今天的孩子要的是什么呢？大部分都是看电视，玩电脑，玩手机是他的需求。有个孩子有一天放学回到家就跟妈妈讲："妈，我告诉你今天作业好多呢。"妈妈说："那怎么办呢？"孩子继续说道："妈，你放心我今天晚上就完成。"孩子妈妈一听可开心了，觉得儿子太懂事了。不过，人家还没讲完，又加了一句："妈，那如果我完成了，你能不能让我看五分钟电视呢？"孩子真正的目的在哪里呢？

035

就是五分钟电视。如果不答应，这个孩子就想了："如果我完成我就是傻瓜笨蛋，因为我完成了你还会让我预习做卷子，我才不那么傻呢。我就拖，拖到那个时候你就会说不早了，你赶紧洗洗睡觉吧。"他觉得这才是他的正确选择。当一个孩子看不到希望的时候，他是不会努力的。不要说孩子了，就算是成人不也会这样吗？有些人想得很明白：如果工作我早早做完，老板也不会给我加工资，还要给我安排其他工作，算了，那就拖到下班前完成好了。当妈妈不答应孩子的要求时，孩子是没有动力的。那如果你同意了呢？

请问孩子有没有动力？孩子当然有动力了。他马上拼命写啊写啊，写完之后往沙发上一躺，说不定还弄杯喝的，跷着二郎腿可享受了。这五分钟电视的快乐，远远抵过了做作业的痛苦，所以这样看来这个方法好像蛮有效果的。当你看到孩子为了五分钟电视很有动力学习时，你就以为孩子真好搞，只要五分钟电视就能搞定。大概后面要不了多久，你要痛苦了。因为用不了多久孩子就变了。

有一天孩子回来又跟你说了："妈，我告诉你这次作业比上次还要多呢。"你说："孩子，赶紧做，做完了看五分钟电视。"

孩子马上跟你说了："妈，我正要跟你说这个事呢。我今天的作业这么多，这么辛苦，你才给我看五分钟电视。那不行，你得给我看十分钟电视。"哦，原来五分钟电视已经不过瘾啦，他要十分钟。如果这个时候你不答应，他就会说："妈，那么多作业你才给我看五分钟电视，我不帮你做了。"他觉得作业是为你做的。如果你答应，后来可能会发展成二十分钟，甚至三十分钟。其实，孩子喜欢玩游戏、喜欢看电视等习惯大部分都是家长们这样培养出来的。在心理学,上这种现象叫作"德西效应"。

德西效应是这样的：有位老人家买了一套房子，这套房子在小区的一楼门口，还有一块草坪。老人觉得这套房子实在是太棒了，可是搬过去之后他就开始伤心了，他觉得自己买错了。

为什么呢？放学之后有一帮小朋友在他的门口踢足球，又吵又闹的，还把球踢到墙上，快把他烦死了。他是一个孤寡老人，他需要安静一点儿。这个时候他想怎么办呢？把房子退回去是不可能的。既然如此的话，他就想跟小朋友们商量一下，叫小朋友们离开这里。他跟小朋友说，自己年龄已经大了需要安静一点，想请他们换个地方去踢球，结果并没有成功。

小朋友们就说："爷爷，那不行啊，我们也没有其他地方去踢球啊。"老人家看到商量没有成功，就想了既然商量不成功那我就强迫一下，所以第二天他就很强硬地告诉孩子们这是他的地盘，不允许别人在这里踢球。你们猜这个方法有没有奏效？现在孩子胆可大了，可不吃这一套，这个方法也没有成功。

最后，老人家又想出了一个好办法，他找到这帮小朋友对他们说："小朋友们，爷爷这两天终于发现你们在我这里踢足球，我应该感激你们，你们在这里踢足球让爷爷都感觉变得年轻了，你们在这里吵啊闹啊，让我找回了久违的童年，我觉得真的非常快乐，我非常感谢你们。为了表示我对你们的感谢，我决定奖励你们每个人十块钱！"小朋友们踢足球突然间获得了十块钱，变得非常开心，瞬间踢足球就变得更加努力了老人家当然就更加痛苦了。不过他知道这种痛苦应该很快就会结束的。

过了几天，老人家就出来对着小朋友们说："小朋友们，上个星期你们踢足球简直太认真了，太努力太棒了！爷爷真的非常非常感谢你们，为了表示对你们的感谢，爷爷决定继续奖励给你们钱！"这个时候他掏出钱，给了每个人五块。小朋友们拿着五块钱，就想了："怎么只有五块呢？上个星期还是十块的呀，这个老人家怎么这么小气呢？我们这么辛苦踢球，他怎么只给五块呢？"所以，他们心里就不太爽快了，踢球的时候就开始敷衍了事，也没有那么努力了。

又过了几天，老人家又出来对小朋友们说："你们上个星期踢球简直太棒了！太完美了！爷爷决定感激你们，爷爷一定要感谢你们！不过呢，最近爷爷有点经济危机，我心里很感谢你们，但是钱我就不给了哦。我求求你们一定不要走，一定要继续踢下去！"他讲完这句话后，小朋友们竟然把球一抱说："你这个老人家实在太小气了，我们那么辛苦地踢球，你连钱都不给，是什么意思？我们走了！"老人家成功地让小朋友们离开了。

他成功的原因在哪里呢？他很合理地运用了一个方式，他把内在的快乐转移到外在的物质刺激上，所以当外在的物质刺激不够的时候，那些孩子马上就会失去动力。这些孩子本来是为足球本身的快乐而玩，可是后来变成了为钱而玩。同样的道理，如果你经常使用外在奖励孩子，就很有可能把内在的那种学习成长的愿望转化为对外在物质刺激的追求。

如果后续你的外在物质刺激不能加强的话，他慢慢地就没有感觉了，动力也就消失了。

由此可见，奖励和打骂一样，只是偶尔使用的教育手段，而不是一劳永逸的灵丹妙药。

第六节 打骂可用但不能依赖

孩子因为被打骂、被批评等痛苦而产生动力，可是一旦打骂批评的力量不足，孩子的动力就会消失。孩子因为奖励等快乐而产生动力，可是一旦外在的奖励不够，孩子的动力也会消失的。生理层面的痛苦与快乐可以被利用，但不能被依赖。这个层面的动力，来去匆匆，偶尔使用会产生相应的效果，可是切忌过度依赖于此。打个比方，诸葛亮的空城计只能用一次，再用就危险了。

教育没有捷径可走，教育孩子也没有一劳永逸的方法。我们要做的，就是不断尝试找到最适合的方法。

请家长们记住一句话："教育有法，方法不对，努力白费。"

第三章
如何用心力激发动力

第一节 神奇的力量

心理学家做了一个实验，发现无论是教师还是教授，年龄越大他的教育水平越低。

很多大学的教师谈不上教育的水平，他们只需要传授知识。上课的时候夹一个本子，管你听不听上完课就走了，所以这些老师他用不上什么教育的艺术。

在高中就不一样，高中的老师就要考虑哪些孩子有希望，他们还要懂得去动员激励孩子。

在初中就更不容易了，老师要懂得跟孩子们斗智斗勇，因为孩子们都正处在青春期。

在小学就尤其不容易了，小学老师基本上都掌握了一个绝招，就是要懂得"骗"孩子，不会"骗"孩子是搞不定孩子的。当然，如果谈到"骗"的话，更会"骗"的是谁呢？就是幼儿园的老师。他们一会把自己变成小白兔，一会变成大灰狼。

在我看来，幼儿园老师的教育是很有水平的。

有很多幼儿园，老师会花一点钱在地摊上买一些那种很便宜的小五角星、小红花等物品，每天下午放学时，往孩子们的额头上贴一个，孩子就很开心，蹦啊跳啊，他见到妈妈的第一反应就是很高兴地指着额头让妈妈看小红花。

有些妈妈可能不太理解，就说："哦，宝贝这个很脏的，妈妈帮你拿掉吧。"孩子马上就不高兴了，而且还不愿意拿下来。其实孩子在心里是这样说的："妈，我让你看的可不是小红花哦，我让你看的是我的荣誉呀！"小红花本身并不值钱，也不好看，但是被老师赋予了表扬嘉奖的意义，这对于孩子来说就不同了。它意味着谁得到了小红花，谁就是今天最优秀的孩子。

孩子为了得到这个小红花就会很努力地表现自己，当他得到这个小红花后，他会暗暗下决心，后面要更加努力地保持，所以这样一朵小小的小红花加上被赋予的正面意义，就变成了激发孩子动力的工具了。

有些老师会做这样的规定：周一到周四表现好有一朵小红花。如果到周五仍然表现很好就可以得到一朵大红花，甚至是一个老师手工做的皇冠。小朋友们为了得到这个更大的荣誉，每天都会在老师面前表现好一点。如果有一个小朋友周一到周四都拿到了小红花，他满心希望能在周五拿到一个大红花，可是晚上妈妈突然告诉他："宝贝，明天妈妈带你去外婆家，明天我们就不去上学了。"孩子立马就会着急地说："那不行，妈妈，我明天一定要去幼儿园上学的。"这个时候孩子的动力来自那朵大红花。原来，小红花背后的奥秘是赋予了荣誉的意义，而这种荣誉是可以给到孩子动力的。

我在给幼儿园老师做培训时，曾经问他们为什么要用小红花，老师们都知道这个有用，但不知道为什么要用。如果老师们明白了背后的原理，那用起来就更容易、形式也可以更丰富多彩了。用这个方式在训练过程中，给到孩子动力。

比如，可以先得到绿色小苹果，积累到几个绿色小苹果后，可以换成一个红苹果。一个红苹果可以换一个红五角星，一个红五角星可以换一个彩色五角星，再往上是小红花、大红花，这让孩子们始终有不断突破挑战自己的机会。而且每往上一层都在证明自己的优秀。这种背后的荣誉感让孩子们动力十足。如果家长们理解的话，完全可以在家庭里用的，比如家里可以提供给孩子若干获得这些小物品的机会，像完成作业的数量、态度、速度以及生活习惯、礼貌卫生等都可以作为目标点设计进来。如果孩子达到某一个层级，还可以获得与那一层级匹配的一些物质奖励，这样结合起来效果就会远远超越物质奖励。西方心理学中有代币法，其实原理跟用小红花是一样的。当然，这种方法显然只能用在人身上，如果用在动物身上是不行的。

如果你对牛说："牛啊，牛啊，好好干，表现好了，我晚上发个小红花给你。"牛肯定会说："别来这套！给我来点青草就可以了。"可见用小红花激发动力的方式，虽然简单但已经不是在生理层面，而是到了心理层面了，这个动力的持续时间和有效性会超过生理层面的物质奖励。

反之，如果你发现孩子对精神、对荣誉都不在乎，说明你的孩子很可能活在动物的状态。我们现在的教育，有时在想尽办法把孩子教成动物，在生理层面用物质奖励，用打、用骂，这就是在教动物啊。

请家长们一定要注意：我们人一定要活在什么层次？一定要活在心理的层次。

第二节 如何引导孩子的自我价值

在心理层面上，除了荣誉感会影响孩子的动力，成就感对孩子动力的影响也是非常大的，荣誉感和成就感的多少，将影响孩子内在的观念的形成。

如果孩子内在的正面观念多，自我价值就高；如果孩子内在的负面观念多，自我价值就低。

自我价值就是一个人对自己进行的评价。如果评价高就是孩子的自我价值高，如果评价低就是孩子的自我价值低。

当一个孩子的自我价值高的时候，他就会追求自我完善，就会有动力。如果自我价值低就会防御这个世界，他就会把精力用在保护自己上，就不会有前进的动力了。

如果一个孩子的自我价值低，他会有什么表现呢？这些孩子在年龄小的时候，就会表现得很不安、比较烦躁，有的时候会比较固执，在人群中会做出各种以丑为美的行为，想吸引别人的关注。

如果这个孩子年龄稍微大一点，他会用一些外在的东西来证明自己。一个孩子的自我价值低就相当于内在空了。他不希望别人看到自己不行的样子，他要证明自己。他们怎么办呢？于是有些孩子手上就会雕个龙画个凤；有些孩子会把头发搞得黄黄的，弄得像个鸡窝一样；还有些孩子抽烟、谈恋爱。一个孩子做这一切其实都是想证明自己厉害。我们经常说一句话叫丑人多作怪，自我价值低就是内心比较空，我们可以理解为内心"丑陋"，所以他会做出各种我们无法理解的行为。

在 2019 年我们幸福少年动力营。

我刚吃过晚饭往会场里走去，一出来就看到一个孩子在厕所不远的地方抽烟。那个孩子个子有一米七几，估计是个初中生了。孩子一转身远远看到了我，就马上把烟往地上一丢，用脚踩。

他发现我过来马上就把烟灭掉，这个行为说明他知道抽烟是不对的。他不想把不好的一面让我看到，想在我面前表现出好的一面。

那请问：这个孩子是要好还是不要好呢？

其实，这种情况说明孩子是要好的。

同样，如果一个孩子撒谎，那是想把他不好的一面藏起来，把好的一面展示到你面前，那也是要好的表现。有些家长动不动就说孩子不要好，其实真的冤枉了孩子。那么在这种情况下，我们是要揭穿他还是保留他的面子呢？

如果是智慧的家长一定会保留他的面子，他只要还保留着最后一丝羞耻感和荣誉感，还是有很大希望可以引导好的。

但事实上很多家长在教育孩子时，总是想尽办法把孩子的脸面撕破，你在用你的聪明证明孩子错了，这其实不是帮他，而是让孩子彻底破罐子破摔了。

我见过很多看起来不可救药的孩子。他们跟父母撕破脸皮，有点玩世不恭，对什么都无所谓，相当于最后一块遮羞布被父母硬生生地给扯掉了。

一个孩子来到这个世界上，他想尽办法把好的一面展示给你，把不好的一面给藏起来，这些孩子都是要好的。如果这样要好的孩子你都没教育好，我们做父母的怎么还有脸面去责怪那些可爱的孩子们呢？只要当孩子"装"成好人的时候，我们就要不断地强化他好的表现，孩子就会越来越好。可惜很多家长总是想尽办法，把他不好的一面给揪出来，结果不好的越来越多，他终于成了问题孩子。

当我看到孩子把烟踩灭的样子，我就知道孩子还有救。

我也在想怎么处理这种问题比较好，既不能直接挑破它，又要处理这个问题。我继续往前走,孩子见到我之后非常热情地跟我打招呼(一个孩子在认识到自己犯了错误之后,一般会表现出更热情、更认真的样子),我也跟他打个招呼,顺手拍了拍他的后背,一起往前走,一边走一边跟他说话。我突然讲了一句话:"有点不对劲呀。"他马上说:"老师,怎么不对劲呢?"我说:"你嘴里好像有味道。"我讲完这句话,那孩子马上就说:"老师,我没有抽烟哦。"他说完后,我就用眼睛看着他。一会儿他就不好意思地把头低下来了,说:"老师,刚才我就抽了一口。"我就对他说:"抽就抽了呗,但是你真实地跟我讲讲为什么要抽烟?烟的味道是不是很好?"

这个时候,孩子连连摇头说:"不不不,烟的味道一点儿都不好。"我说:"你骗人。如果烟的味道不好,你既浪费着钱,又难受,还要冒着被老师批评的危险,这是干吗呢?"这时候孩子说:"老师,你知不知道抽烟的样子好潇洒呀。"哦,我终于明白了,孩子抽烟不是为了嘴里的味道,而是为了样子潇洒。

如果为了味道那是活在生理层面,但他是为了潇洒,这是活到心理层面了。

我们就继续聊天,我了解到这个孩子是济南人,他的妈妈在镇上的一个街道办做干部。他告诉我他的家里有两套房子,爸爸妈妈说过了,其中有一套将来是给他的。他还非常开心地告诉我,他们那儿的房价现在好厉害,他那套房能值300多万元。他还告诉我,因为成绩不好,在职业高中上学,他们里面学风不好,好多人不想学习,抽烟的人很多,还有很多人在谈恋爱。我顺便就问他:"你谈了没有?"他告诉我，他也谈了。我就问他女朋友怎么样，是不是很喜欢自己的女朋友？他竟然告诉我说不喜欢！我说："你肯定骗人吧，你不喜欢你的女朋友怎么会去谈恋爱呢？"这个时候他讲了一句话，对我触动很大。如果不跟孩子聊天，我们永远都不知道他们心里在想什么。

他跟我说："我们班里只有三个男生没有女朋友，他们平常都被我们嘲笑死了。"也就是说，在他们班里，如果没有女朋友，就会成为其他男生嘲笑的对象。所以，找女朋友也许真的不是因为喜欢女朋友，而是因为假如我不找，别人就会嘲笑我。就像一个太监找老婆一样，他不是为了生理需求，而是为了面子，也就是心理需求。

很多时候，孩子做事情都是为了满足心理需求。如果你不了解，这个时候你骂他、指责他，而不去安抚他的心理，孩子的问题就得不到有效的解决。

当孩子出现很多不好的行为时，其实他的自我价值降低了；当孩子的自我价值降低的时候，一定要想办法提高孩子的自我价值，而不是去改变他外在的行为，因为这些行为都是证明自我价值而出现的。

自我价值在 50 分以下的孩子，最担心受到外界的伤害，缺乏安全感。那这时候，家长跟孩子的互动就要小心了。

首先，你是不能轻易地去指责他们的，你一旦指责批评孩子，马上就会被孩子当成"你看不起我""你又骂我""你又嘲笑我"，他就会很生气。

也有些家长学过一些课程，接受了一些所谓的先进理念，回到家后就去表扬孩子。

请注意了：这个时候，你表扬孩子可能也不会有什么好的结果。为什么？当你表扬孩子时，孩子会用眼睛冷冷地看着你，不屑一顾地跟你说："无聊，什么意思？想让我做什么直说好了，不要来这一套！"

孩子就是这个样子。自我价值低的孩子，永远怀疑外面的世界，你真心真意地表扬他，他都不会相信，他会觉得你在说反话。

尤其是有些家长没有什么赞美和表扬的技术，总是动不动就用一句"你真棒！"而你的孩子又到了青春期，他已经有自己的思想了，这样的表扬可能不会有什么效果。如果你再不理解，还反过来去责怪孩子。那孩子的自我价值又会因此而受影响，教育也就走向了恶性循环，将注定失败。

如果孩子的自我价值到了50分以上，就会好点儿了。孩子的内心开始敞开了，比较容易接受外界的建议。这时，你跟他讲话，他就比较容易接受跟你的交流，也就比较正常了。

再往上，如果到了80分以上就叫高自我价值，高自我价值的孩子非常有意思，他对你的表扬赞美已经不太在乎了，他更看重的是自我的完善。比如今天孩子考了98分，全班第一，你就表扬他了："孩子，你这次考得太棒了！第一名哦！"孩子可能没什么感觉，他会说："妈妈这没什么了不起的，那两分扣得太不应该了，我下次争取把两分给拿回来。"这样的孩子就是在追求自我完善，动力就很强。可是如果一个孩子的自我价值很低，他今天考了68分，回家以后你对他说："孩子啊，你怎么只考了68分呢？"这时候，孩子马上就会觉得一支"箭"

射过来了,他马上就会用"盾牌"挡住进行防御。

他会说一句话:"妈,那我告诉你,我们班还有低分的。老师都说这次的试卷,实在太难了。我们班长才考了70分呢。"总之一句话,他会找出很多理由告诉你,我的分数已经很不错了,你不要再伤害我了。自我价值低的孩子是在防御这个世界,自我价值高的孩子是在追求完善,他们的动力是完全不一样的。

打一个比方,自我价值高的孩子就像个道行很高的和尚,而自我价值低的孩子就像个小刺猬。如果你碰到一个道行很高的和尚,骂他"死和尚""臭秃驴",人家听完之后一点都不生气。人家会看着你说:"善哉,善哉。"他的心里根本就没有受到伤害,因为他的自我价值那么高,他想的是怎样让自己变得更强大,又怎么会因为你的评价而受影响呢?

而自我价值低的人,相当于什么呢?就相当于一个小刺猬。我是在农村长大的,在秋天的田野里经常会看到许多小刺猬。小刺猬可有意思了,它身上都是刺,有一两寸长的肚皮会露出肉来,其实肉也就一个拳头大小,你把它抓住,拎起来以后用一根茅草对着它的小肚皮挠一下,那个刺猬马上就会把身体卷起来,就完完全全地变成一个刺球,把整个身体全藏在刺球里面,这样它就无法挑战外面的世界,只是被动地防御而已。一个低自我价值的孩子就像一个刺球,你赞美他或者批评他,他都会把自己像刺球一样卷起来对付你,他哪还有心思去面对现实,哪还有动力去挑战人生呢?自我价值低的孩子想着怎么保护自己,想着怎么解释事情失败的原因,行动没有动力。

自我价值高的孩子想着怎么让自己更优秀，想着怎么解决问题，行动动力十足。

假如能达到十分的话，那就更棒了。

达到十分的人是已经开悟的人，也就是我们说的"圣人"，比如耶稣、佛陀、孔子、老子。

如果一个孩子的自我价值是零分，他就会觉得活在这个世界上没有任何价值了。一个孩子的自我价值很低的时候，大部分会开启毁灭的模式。正因为如此，在教育孩子这个点上，父母和老师能够做得最好的方式就是努力提高孩子的自我价值，孩子的自我价值高了，他就会积极向上追求完善，有强劲的动力，这不正是我们需要的吗？

如果想让孩子拥有较高的自我价值，作为引导孩子人生的父母，必须有较高的自我价值。一般有高自我价值的父母，会引导出高自我价值的孩子，所以父母好好学习，提升自我价值，对孩子的影响是很大的。

我讲这堂课就是我的入世心法，我希望用这堂课，来引导更多的家长，引导更多的孩子而已。我对自己平时的要求是极其严格的，如果你的自我价值还不够高，没有慧根，那么请你记住：学会跟，持续跟随学到精髓！一方面要努力提升自我价值，另一方面要知道如何提升孩子的自我价值，这是教育的正道。

我们已经知道了自我价值的重要性，孩子的自我价值越高越好，也许你还不知道孩子在成长的过程中，曾经有一段时间自我价值极高，几乎到了最高分。

如果我们能研究出孩子的自我价值的形成规律，从而进行正确的教育，那教育成功就会很容易了。

我曾经在幼儿园小班做过调查，我问："亲爱的孩子们，你们班谁最聪明？"几乎每个孩子都在叫着说：我最聪明。你看那时，他们才三岁就表现出了很高的自我价值。那个时候他们都觉自己是最聪明的，自己就是世界冠军，甚至你问："谁的爸爸最聪明？"他们都会说："我爸爸！""谁的妈妈最漂亮？"他们会说："我妈妈！"即使他的妈妈长得不是那么完美，他还是会说："我的妈妈最漂亮。"那个时候的孩子可以说是相当有自信，自我价值也就相对处于很高的水平。

很可惜，再问三年级之后的孩子："你们班哪个最聪明？"孩子们又想讲，又不敢讲。

到了初三你再问："孩子们，你们班哪一个人最聪明？"

很多孩子低着头在心里嘀咕："什么意思，想丢我们的脸啊？"他们就不吃这一套了。孩子在很小的时候，自我价值真的挺高的，到后来自我价值就逐渐降低了。那就证明在孩子成长的过程中，我们做对了一些事把孩子的自我价值拉高了，可是后来又做错了一些事，把孩子的高自我价值又给打击掉了。孩子的自我价值跟我们的引导直接相关。那我们做对了什么又做错了什么呢？

第三节 教育的真谛是什么

日本有一位教育家叫铃木镇一，他非常厉害，曾经被联合国教科文组织邀请到联合国大厦，面向全世界各国教育部部长做了一个报告。他在报告中讲了一段这样的话："其实教育真的非常简单，没那么复杂。我之所以能够发现教育的真谛，是因为我向我的侄子学习了两年。"他讲完这段话后，其他人都惊呆了。原来铃木镇一先生竟然是跟他的侄子学的。大家都很奇怪他的侄子到底是什么人。这个时候铃木镇一就讲了："当我研究教育的时候，我的侄子出生了，我就看着我的小侄子，从一个什么都不会的小肉团，慢慢地学会走路，慢慢地学会说话。在孩子学说话、学走路的时候，他的父母对他的引领简直是完美的！几乎所有的教育原理都藏在教孩子学走路，教孩子学说话的过程中，如果你把孩子学走路、学说话的过程弄懂了，你就懂得了最高级的教育原理。"

那请问：孩子在学走路、学说话的时候，是谁在教育这个孩子呢？

是孩子的父母。

虽然说幼儿园的老师很厉害，但在我看来一个最伟大的老师，绝对不是幼儿园的老师,而是在孩子进幼儿园之前接触的那个老师,那个老师就是他的爸爸、妈妈。

每一位爸爸或妈妈,都曾经是一位伟大的教育家,只是你忘了当年自己是怎么做到的。

所以,老师要做一件事情,就是要争取把你们这些教育家都唤醒回来。

我先从男人说起吧。有一个男人,他的老婆生了一个宝宝。他每天下班很早就回家。他回家之后要逗宝宝玩,他要抱宝宝,当他经常抱宝宝的时候,他心里最希望孩子叫他爸爸。于是他就会经常跟孩子说:"宝宝,来叫爸爸!"可是孩子还小的时候并不会叫,他也不会理会,就继续玩自己的。慢慢地孩子就长大了,他的发音器官开始发育了。八九个月的时候,他就有发音的原始本能了,那时候孩子会玩自己的嘴唇。

有一天,当那个爸爸对孩子说:"宝宝叫爸爸。"他刚好讲完这句话,那个玩嘴唇的孩子,上下嘴唇一碰就发出"ba"的一个音,那个男人听到后开心呀,并且他认定:"哇!我家孩子他会叫爸爸了!"然后他开心地对着孩子又是亲,又是抱,又是搂。你知道孩子在想什么吗?这个男人在发什么疯啊。因为孩子不知道你在干什么。不过他发现你发疯的时候,对他好像蛮友善的,又亲他、又抱他、又搂他,而且很开心,他也跟着很开心了。

那后来一次偶然的机会，正好那个男人又说："叫爸爸！"刚好说完"叫爸爸"，那个孩子一不小心又发出"baba"的声音，男人又亲、又抱、又搂孩子。

这样的情况一次次出现后，孩子终于发现原来我的两张嘴唇一碰发"ba"的这个音，那个男人就发疯了。不过，他发疯的样子挺好，对我那么好，我喜欢。既然如此，那以后只要你抱我，我就故意发"ba"这个音，让你发疯。他就经常练练，到后来他发现把两个"ba"连到一起叫成"baba"也没那么难。

孩子为什么愿意反复练习？

家长们在这个过程中做了什么？

就是给予孩子动力呀。而且孩子还发现如果是那个头发长一点的女人来，我就不能叫"爸爸"，而应该叫"妈妈"。因为我喊"妈妈"她就会发疯。在这种情况下，孩子不断地训练自己，他就学会了叫爸爸、妈妈。

其实，在这个过程中孩子根本就不是在叫爸爸、妈妈，他只是在无意间发了两个音，我们就认为他是喊爸爸、妈妈，后来孩子就知道了，这就是爸爸，这就是妈妈。

不知道大家有没有留意过你的孩子当年练习了多少遍才学会叫爸爸、妈妈的，一遍一遍可能100遍都有了，就是一次又一次地重复训练，那他为什么愿意练？

因为他每一次发"ba"这个音，男人都会给他动力，男人就会让孩子很兴奋。你发疯的时候孩子就会很开心。他每次叫妈妈的时候，你就会亲他、吻他、抱他，所以孩子感受到你给予的动力。原来，那个时候我们做对了一件事，无论孩子做什么，我都会想尽办法给他动力，让他愿意再练一次。

当孩子愿意再来一次训练自己的时候，他总能变得越来越厉害。

教育的真谛是什么？教育的真谛就是想办法让孩子愿意再来一次。

我记得非常清楚，我们家小白9个多月的时候，他学会走路了。有一天，我回到家就抱着他说："宝贝，妈妈听说你会走路了，走给妈妈看看好吗？"说完，我就把他放在离我大概两步远的地方。我把他放好后，孩子就往前跨一步，跨两步，第三步还没有落地我就一把把他抱住，说："宝贝你太棒了！真的会走路了！好厉害！"然后，抱着他亲了一口，我也笑，他也笑，两个人笑得不亦乐乎。可是我发现10秒钟不到，儿子就在我怀中推我，原来他想让我把他放下来，因为他想再走一次。

教育的最高境界是让孩子愿意再来一次。如果孩子做什么都愿意再来一次，他早晚都能学会、早晚都能做对。可是有很多家长经常跟我讲一句话："我家孩子好像还挺笨的。"我说："你怎么判断你们家孩子挺笨的？"他说："老师，你知道吗？昨天晚上我教他一道题目，那个孩子三遍都没学会，他怎么就那么笨呢？"我很不客气地跟妈妈说："这位妈妈，你认为叫妈妈简单不简单？"她说："简单。"我就问她："你知不知道当年你教他学叫妈妈，教了多少遍？你知不知道你孩子学会叫妈妈学了多少遍？"她就愣住了，她说："我好像没教过啊。"我说："你都忘记了，你曾经教过他，因为那个时候，你都是'无为而治'啊！我告诉你，你教了孩子至少一千遍，也可能两千遍，而且一直不厌其烦。那个时候你从来都不会说孩子你好笨，你永远都会鼓励孩子，孩子你好棒啊！你都会叫爸爸了，都会叫妈妈了！

孩子有了一点点进步，你都会给到孩子亲啊、抱啊、搂啊，那个时候你永远都会给孩子动力，让他愿意再来一次。正因为这样，你家孩子一直愿意一次次训练自己，终于学会了叫妈妈。而今天孩子才三遍没学会，你就说孩子你怎么那么笨，我想请问一下到底是谁比较笨？"

亲爱的家长们，每个孩子都具备无限的可能性，我们给予孩子动力，他愿意再来一次，这才是真正的教育。孩子来到这个世界本来就是来探索这个世界的，学得慢不要紧，学不会也不要紧，最要紧的是他是否还愿意再来一次。如果我们以爱的名义对孩子无尽地提高要求，对孩子没有耐心，我们总是一次次打击这个孩子，那这个孩子不愿意再来一次，即使今天他很聪明，即使今天他很优秀，不知道哪天一旦他失败一次，就再也站不起来了。我曾经接触过无数的所谓小时候优秀，长大后无所作为的孩子，都是因为我们没有给予他再来一次的勇气和力量。所以，当你再次发现孩子还不够好的时候，请想想当年孩子什么都不会，什么都不懂的时候，我们到底是怎么让孩子有了力量和勇气的。如果有一天你教到孩子不愿意再来一次，你就是最差的老师、最差的父母！

可是今天我们很多家长都因为自己的错误方法，让孩子不想再来一次，这是多失败的教育呀！

有一次，一位妈妈跟我说："老师，我都快急死了，孩子回到家都不愿学习，如何让孩子爱上学习愿意读英语呢？"我说："你看你们家孩子当年叫爸爸妈妈那么枯燥，他都愿意叫，为什么他现在不愿意读英语？肯定是你做错了。"有些妈妈回到家之后，女儿正在家里读英语，一回到家她就说："女儿啊！妈妈怎么听你读的英语不太标准呢，你再读一遍给我听听。"女儿马上就说："妈妈，你又不是英语老师，我不读了，我读完了。"这种做法就是让孩子不愿意再来一次。

假如，你能用教三岁以前的孩子学说话的感觉来教，一定可以的。

比如你回到家打开房门，听到女儿在读英语，你假装不知道，就说这么一句话："女儿啊！你正在听录音磁带呀？"女儿说："没有啊，没有听录音磁带呀。"妈妈接着很惊讶地说："啊！你没听录音磁带，那么好听的英语是从哪里来的呀？"这个时候女儿就反应过来了，原来妈妈觉得刚才她读的英语很好听呀，她就说了："妈妈，那是我读的呀！"妈妈接着说："是吗？那么好听的英语是你读的呀？"女儿得意地说："那当然了，如果不相信我再读一遍给你听听吧？"在孩子读英语的过程中，你要不断表现出惊讶和欣赏的表情等，孩子读完之后在旁边就说："哇！女儿，我过去怎么没有发现你的英语读得这么标准这么好听呢？我真的觉得比英国人读得还好听呀！"如果你这样说完，可能孩子读完之后，还不过瘾，说："妈你不要走啊，我把第九课再读一遍给你听听。"如果这么读下去，她能不愿意读英语吗？既然愿意一遍一遍地读下去还能读不标准吗？其实，读得标准不标准并没那么重要，孩子当年叫妈妈的时候他有可能叫得也不标准，你那时可从来没有说过他叫得不标准，甚至孩子叫错了你还说对的呢。

我儿子小时候把哥哥叫成了"兜兜"，会不会有哪个妈妈说："孩子，你怎么会那么笨呢！哥哥都不会叫，怎么能叫兜兜呢？"我们那个时候绝对会说："宝贝，你太厉害了！你都会叫哥哥了。"他明明叫"兜兜"的，我们却说他叫的是"哥哥"。

因为孩子得到的是动力，所以孩子就越来越愿意练习，最后终于学会了叫哥哥。

请大家记住：教育孩子的时候有效果比有道理更重要。多让孩子愿意再来一次，比学会了什么重要得多。

在孩子小的时候，我们经常对孩子的进步有不可思议的感觉。我记得儿子生下来之后，我老公下班回来，我都会和老公分享孩子的故事：告诉你一个好消息：儿子又进步了，有朋友到咱们家玩，走的时候，儿子竟然朝她笑了一笑。我会把儿子会笑这件事作为一个优点向老公炫耀一番。现在，你在讲话的时候，她在笑，你就会说："笑什么笑，别嬉皮笑脸的，严肃点。"那个时候孩子笑，你觉得不可思议，现在笑你觉得孩子不庄重。

我儿子一岁半的时候，有一次我们在吃饭，他那时刚会说话，忽然放了一个屁。他咬字不清地说："妈妈，我屁屁咳嗽了。"当时我乐得前俯后仰，到现在我仍记忆犹新。当年孩子身上一点点的变化，父母都会像发现新大陆一样觉得不可思议、兴奋无比，并且把这种欣赏的感觉传递给到孩子，让孩子越来越有动力挑战一切。在语言的表达上，当年你跟孩子讲话的时候，那个象声词是哪一个你还记得吗？一般都是"哇"。很多妈妈在孩子小的时候，天天就跟青蛙一样，"哇"个不停，孩子在这种"哇"声中越来越有动力，自我价值也越来越高。而今天我们变了，我们当时认为是孩子优点的现在有些都成了缺点，其实孩子没变，是家长们的心态变了。今天孩子长大了，有些表现出来的行为本来也不错，但我们不再觉得不可思议，反而总是觉得不尽如人意，总觉得孩子不够完美。

　　孩子考了高分你会说："孩子，如果那两分不扣该多好啊！"而且后面也会加上一个象声词："唉"，过去都是"哇"。

　　如何让孩子爱上学习？现在都是"唉"，永远觉得孩子不够完美。家长们可以感受一下，是"哇"有能量还是"唉"有能量呢？

　　当然是"哇"呀，所以我们要多"哇"而不是"唉"。我们要经常发现孩子的不可思议，不要总觉得孩子不尽如人意。

第四节 孩子为什么会自我堕落

一、不良夫妻关系打击自我价值

做了这么多年家庭教育，我发现凡是家庭关系不好的，孩子大部分都容易出问题；凡是在学校出问题的孩子，绝大部分家庭关系都有问题。

在家庭关系中，夫妻与孩子三个人分别对应不同的位置：爸爸就是天，妈妈就是地，孩子就是天地之间。

如果天和地开始斗了，那孩子就会恐惧就会缺令安全感。《大学》中有这么一句话："安而后能虑，虑而后能得。"意思是：孩子学习忧虑的前提就是孩子不安了，不安了怎么可能学得好呢？

夫妻关系的问题大概呈现以下几种情况：

一、关系平淡甚至冷漠；

二、吵架打架；

三、分居；

四、离婚。

离婚已经到了最后一步。一般离婚是从前面几种状态慢慢过来的，每一种状态都可以对孩子造成伤害。

比如，吵架中的夫妻可能还会争夺对孩子的爱，有些妈妈可能吵完架会做一件事，一把眼泪一把鼻涕地把孩子叫到身边，问孩子："你是更爱爸爸，还是更爱妈妈呢？"当然，还有更过分的，有些妈妈会更直接地问孩子："孩子，如果我和你爸离了，你选择跟谁过呢？"在这里，我想告诉那些目前夫妻关系不好的家长们，其实这种状态、这些问题已经让孩子痛苦不已了。

因为孩子身上的基因有两种：一种来自男人，一种来自女人。如果他看到提供这两种基因的人是和谐的，他体内的基因自然就和谐；如果他发现提供基因的两个人是斗争的，他体内的基因就会紊乱。当父母吵架的时候，孩子已经烦躁不安了，再听到妈妈问这个问题就更痛苦了。这就相当于在问他："孩子，你把心掏出来剖成两半，现在请你丢掉一半，你会丢哪一半呢？"他丢哪一半都会是痛苦的。当孩子发现父母总吵架的时候，他除了感到恐惧之外，还有一种莫名其妙的自责心理。他会觉得是自己做错了什么才导致父母吵架，他会觉得自卑，甚至觉得不应该来到这个世上，自我价值会急速下降。有时为了拯救父母的关系，孩子不惜以牺牲自己为代价来唤醒父母。

很多年前我看到过电视连续剧，《中国式离婚》中的一些片段令我感触很深。电视剧里有一个孩子叫丁丁，读幼儿园大班，夫妻两个人关系不好经常吵架。有一天，晚上孩子已经睡了，但夫妻两个又因为一些事吵架了。因为声音比较大，就把孩子给吵醒了。孩子醒来后感到害怕，就偷偷地从房间里出来想看他们吵得怎样了。这个孩子悄悄地把房门打开之后，身体歪着去偷看爸妈，一不小心就倒了下来，刚好额头撞在墙角上，流血不止。孩子"哇"的一声就哭了！夫妻两个看到孩子哭了，头上还流着血，立马停止吵架，跑了过去。那个男人立马把孩子抱起来，女人去找一件衣服跟在后面，两人就冲向了医院。在医院包扎妥当后，孩子的外婆也闻讯赶了过来。外婆见到孩子，马上就问："丁丁，头破了，你痛不痛啊？"这时候的情景是男人抱着孩子，女人跟在男人的身后。丁丁听到外婆问话，就说："外婆，我不痛。"讲这话的时候还满脸带着笑。接着那个孩子做了一个动作，他把爸爸的手拉着一个，把妈妈的手拉着一个，把他们两个手拉到一起，那一瞬间告诉父母，只要爸爸和妈妈不吵架，我头破算什么啊！

　　当时我看了真是一阵心酸，可惜过了几天两个人又吵架了。孩子又被吵醒了，他直接走到厨房拿了一把水果刀，把手割破，然后他举着流血的手，说："爸爸妈妈，我的手破了，流血了。"这一个瞬间，那个男人和女人看着孩子，愣住了。

　　孩子在用牺牲自己的方式来唤醒爸爸妈妈。

　　为什么孩子小小年纪，就要让他们承受这些……

　　当父母婚姻出现问题时，孩子会觉得内心不安和痛苦，他想的是如何拯救父母的关系。这样一来哪还有心思去学习呢？有时候有些父母还对孩子说："我们大人的事跟你没关系。"怎么可能没关系呢？

从你把他生下来就已经有关系了。

为了孩子更好地成长，真心希望每一对夫妻都能和谐相处。在我们幸福商学院经常会讲到夫妻关系。因为如果夫妻关系出问题了，家庭就出问题了，家庭都出问题了哪还有好的家庭教育呀？

所以，这句话大家一定记住：和谐的家庭关系，是最好的教育。

假如你想让孩子更有力量的话，那就请男人爱护女人，女人崇拜男人。

二、宠物式教育造成孩子"四无"

中国今天的家庭结构很多都是这样的：一个孩子有6个大人围着他转，集各种宠爱于一身。有人说中国家庭教养的是"小皇帝""小公主"。西方人看到我们中国这样的教育现状，认为一个孩子能做的事情不让他做，就是在培养残疾的下一代。我更倾向认为中国人是在培养宠物。我发现家长们对孩子讲话以及处理事情的方式，跟养宠物的样子像极了。

宠物式教育有四种明显的特征：过度保护，过度包办，过度喂养，过度溺爱。

1. 过度保护

因为现在独生子女多，每个孩子都精贵无比。家长们就过度担心孩子出现危险，于是想尽办法保护孩子。我们经常看到奶奶带着小孩子在大街上行走，突然发现前面正在修路，有一条小小的水沟。孩子刚准备要跨过去，奶奶就会一把把他抱起来，不让孩子自己跨这个沟，因为她担心孩子会摔跤。看起来孩子没有受伤，其实在他成长的路上他已经受伤了。因为他失去了一次锻炼的机会。这样的场景也不少见，如果孩子在家里不小心摔了一跤，奶奶会去打地板责怪地板害宝宝摔跤了。宝宝可能正在哭呢，看到这个就笑了，他也会跟着奶奶去打地板。

若干年之后，这个孩子没有责任心，把什么问题都推到别人身上的时候，奶奶或许并不知道当年她无意中的教育才是罪魁祸首。

有一次我到教培机构讲课，有一位老师找到我，对我说："老师，想拜托你一件事。"我说："不客气，请说。"

"我想拜托你，今天给家长们讲课的时候，能不能传达这样的意思：万一以后孩子不小心磕着，碰着，受伤了，能不能叫家长们不要大吵大闹来找我们的麻烦呢？"

我听完后心里是很悲凉的，家长不光在家里保护，学校里也要保护。如果孩子在学校里发生一点小问题，家长们就会为了保护孩子而去找老师的麻烦。虽然老师不是完美的，但我相信绝大多数老师还是希望每个孩子都优秀、都健康的。虽然有一些孩子磕碰在所难免，他也绝对不希望孩子受伤。反过来思考一下，如果一个孩子早晚都要受伤，那早一点受伤是不是比晚一点受伤更好呢？正因为家长们对孩子过度保护，所以常常把保护孩子的责任推给老师，推给学校。时间一长就会导致一个结果：老师们不作为了。因为我不做不错，做了反而会错，那我不做就行了。所以，有的学校规定：有挑战的，有难度的，有一定危险的游戏活动不能做了。体育课上的双杠、单杠、跳山羊等运动方式都不见了。但是孩子们恰恰是在犯错、偶尔受点小伤的情况下才变得更强大的,而这一切因为过度保护都没有机会了。

如果有一天,真正需要孩子具备这些素质的时候,可能我们后悔都晚了。今天中国在奥运会上拿的金牌越来越多,但是孩子们整体的身体素质却越来越差,这也是我们的教育导致的,因为危险的活动不能参加。孩子安静地待在家里最安全,你从小就把一台手机丢给他,把一台电脑丢给他,当他有一天上瘾之时,你又开始指责他,这是不是太不合理!

2. 过度包办

如果一个一年级的孩子还不会自己吃饭,二年级还不会自己穿衣,你真的不必太惊讶。这种情况我都见到过,按道理他都已经进入小学阶段了,这些基本的生活技能应该完全不成问题,他为什么会这样呢?这些孩子都有一个共同点,就是家里人帮他什么都包办了,所以孩子的生活自理能力极差。

我曾遇到一位二年级还不会自己吃饭的孩子,他的妈妈发现孩子学习出问题才来找我,我跟她讲一个人的生活自理能力差也会影响到孩子的学习能力,告诉他最起码应该让孩子知道自己的事情自己做。那位妈妈很纠结,她告诉我,家里有四位老人,曾经因为孩子的问题,多次跟她起过争执。妈妈也认为孩子应该自立,可四位老人却坚持包办,并且对孩子的妈妈说:"我们四个轮流来。每人一周,你忙你的,不用你担心的。"是的,今天四位老人可以轮流值班来包办孩子的生活,可是毕竟生命中有太多的事情是他们包办不来的。一旦到那时候孩子发现自己处处不如别人，内心一定会产生自卑感，如果这样自我价值低下后会带来一系列的问题，包括学习的问题。

3. 过度喂养

遇到幼儿园的家长咨询我问题："老师，我们家的孩子不肯好好吃饭，该怎么办呢？"我往往会反问他两个问题："你家孩子不肯吃饭，是不是脑子有毛病？是不是身体有毛病？"如果他告诉我都没毛病，我就告诉他这不算问题，只要听我的大概两天就可以搞定。我的要求非常简单，从今天开始规定他吃饭的时间，在规定时间之内不吃就算了。不准追着喂孩子吃，两顿饭之间不能吃任何零食和饮料。有个妈妈回去真这么做了，她先跟孩子说好了，今天中午什么时间开始吃饭，到什么时间午餐结束。如果不吃妈妈会把食物收掉，要到晚饭才能吃。到中午吃饭的时候让孩子吃饭，孩子不愿意吃，家人都不理他，到时间就收掉了。结果下午孩子饿了就想吃零食，那天因为家长上了我的课之后，全家人统一意见了，饿也不给吃。她妈妈当天就给我发信息：老师，你的办法太好用了，现在孩子吃饭比我还快。

孩子之所以不好好吃饭，是因为他知道我不吃，你会喂我；我不吃，你会给我零食。我们给孩子的太多了，所以孩子反而不好好吃饭了，想让孩子吃饭真的很简单，让他得到的少一点，饿他一饿，他自然会吃得比什么都香。但有些家长担心呀，如果饿坏了，怎么办呀！要是营养不良，怎么办呀！我想告诉那些家长们，你多虑了，孩子饿几顿是饿不坏的，而且今天的孩子绝对不会营养不良。如果孩子有营养不良的情况，恰恰是我们给予的太多，造成他不好好吃饭、挑食出现的问题。

在父母课现场，我经常拿我自身举例，我小时候经常半个月一个月都吃不到一口肉的，能把饭吃饱就不错了，但好像没有因为少吃而导致营养不良。可以这样说，今天孩子的物质营养已经完全地超标了，孩子心灵成长的心理营养倒是挺缺乏的。

我已经坚持每天早上6点直播400多天了。我的精气神为什么好像永远充足呢？

各位，一个人内在有力量的时候，他自然就有营养。当外在不断地去补的时候，你补了一些营养，也补了一些毒素进去。如果我们再这样过度地喂养孩子，将来这些孩子外在身体出问题，内在精力出问题，他运动不灵敏，思维受影响，自我价值就会受影响，其实这是在害他。

4. 过度满足

有这么一句话：再穷不能穷教育，再苦不能苦孩子。

现在物质财富丰盈，家长们很自然地就愿意给予孩子更多，有时候对孩子的要求是有求必应。

有一次，一对夫妻因为孩子学习没动力，来找我咨询，我当时问了那个爸爸一个问题："你是不是对孩子太宠了？要什么你就给什么吧？"结果他的老婆在旁边马上接过话说："老师，我老公比你说得更厉害，儿子还没要，他就提前准备好了。"那个爸爸振振有词地说：

"我自己当年创业吃了很多苦,现在条件好了,我不想让儿子再吃苦了。"我告诉他,也许你当年创业成功正是因为你吃了很多苦,如果现在不让孩子吃点苦,等于剥夺了他成功的机会啊!这位父亲并不知道因为他这样无限制地满足孩子,孩子什么都得到了,哪还有斗志呢?他不知道吃苦正是治疗儿子没动力的药,如果知道这一点,他大概就不会阻止孩子吃苦了。

在我们动力营遇到过一个三年级的小朋友,我们俩的一次聊天可有意思了,他先告诉我:"老师,我告诉你,我在家里想要什么都能得到。"我说:"你吹牛吧,你哪有那么厉害?"他说:"老师,我真的要什么都能得到,爷爷不给,奶奶给。外公不给,外婆给。爸爸不给,妈妈给。他们总有一个会给的。"我一听这是典型案例呀,我就继续追问:"万一他们心情不好,一个都不给呢?"他马上跟我说:"我还有一个绝招。"我说:"什么绝招呢?"他说:"我就哭。"我说:"你哭就一定成功吗?"他蛮有把握地说:"老师,我奶奶最好搞定了,一般两分钟就差不多了,我妈最难搞定,要十分钟才行!"

我听完后对孩子很佩服,觉得他简直就是个心理学家,他把家里人的情况摸得透透的,知道谁容易对付,要用什么方法来对付。一般奶奶的心是最软的,孩子哭两分钟就会投降了,可能奶奶也知道这样做不对,她做完之后还要担心孩子的妈妈会指责,所以还会跟孩子约定:"宝贝,我告诉你呀!这事不能告诉你妈哦。"我不是想指责奶奶,但隔代教育确实更容易出问题。好在现在觉醒的爷爷奶奶越来越多。

最近在我们的课程现场,总能看到有爷爷奶奶的身影,因为今天很多男人都缺位了，所以妈妈在家里既唱红脸又唱白脸，既当爹又当妈，既要有温柔的一面也要有严格的一面。但如果真遇到孩子哭闹的话，一般最后都会投降的，投降之前她会说一句貌似智慧其实无效的话："好了，好了，别哭了，这是最后一次。"到这里孩子知道已经成功了，他会答应会保证这是最后一次。但是到了下一次他又会故伎重演，甚至可以这么说，孩子很多所谓的坏习惯，都是妈妈们这样一次次没有原则培养出来的。因为这样的过度满足，最容易导致孩子失去斗志。因为什么都有了，还有什么理由让他去努力呢？

这四种过度的现象将会造成孩子无能、无德、无情、无志"四无"的结果。

1. 无能

第一个叫无能。

无能就是能力不够。因为包办，因为保护，孩子没有机会自己去体验，没有机会自己去尝试，他的能力得不到有效训练。

无能就是在学习上的无能。孩子作业慢、注意力不集中、粗心抄错数字等都叫学习无能，我会在"如何让孩子爱上学习能力"篇介绍这部分内容。

第二个叫生活无能。

第三个叫生存无能，很多孩子最后会成为"啃老族"。

2. 无德

无德最明显的表现是不会跟别人和谐相处。因为每个孩子在家里都是"小皇帝""小公主",两个孩子到了一起就是两个小皇帝了,当然要互掐了。但是还有一种情况挺可怕的:有些孩子在家是个小皇帝,可是到了外面却怂了。因为平时在家里有个"太监"跟着呢,可是到外面去却发现那些"太监"都没跟着啊,没胆量斗了。很多孩子的状态是"在家是条龙,在外是只虫",孩子看起来很凶,其实毫无力量。

3. 无情

无情就是孩子无情无义,不知道感恩,他觉得大人为他做一切都是应该的。好多孩子打父母,甚至有孩子杀父母的报道,让人既心痛又无奈。因为过度满足与保护的教育,让他以为你对他好是应该的。我在后面讲关系的时候,还会重点分析这段内容。

4. 无志

无志就是没有志向,无志就是不知道自己要做什么。当一个孩子不知道自己要做什么的时候,他这一辈子肯定是找不到动力的。

大志大成,小志小成,无志难成啊!如果一个孩子从小到大在家里得到过度满足,这个孩子就会没有志向。

这四种"过度"的现象导致"四无"的结果。

看起来是家长在爱孩子,其实给予孩子更多的是伤害,更重要的是当一个孩子被当宠物教育的时候,他是没有自我的,他不被需要,而总是被照顾这样的状态,让孩子自我价值感低下,学习动力当然也不足。

三、父母最伤害孩子的七把刀

有很多关于教育的俗语是大家耳熟能详的，比如"不打不成才""打是亲骂是爱""棍子底下出孝子"……

因为持有这样一些观念，就会有一种相应的教育方式，我称之为"七把刀"的教育，对孩子的打击和伤害也很大。

孩子就像一棵成长中的树，家长希望这棵树长成参天大树，但树在成长过程中会长出一些枝条，也许那些枝条是我们父母不想要的，于是为了让孩子成长得更好，就拿出一把刀把这些枝条全部砍掉。适当修剪是需要的，但有些家长是乱砍滥伐的，本来茁壮成长的树，就因为没有技术而被砍废掉了。

我发现家长们身上一共藏有"七把刀"，所以称为"七把刀"教育。

第一把刀——比较

我们动不动就开口这样讲："孩子，你们班小红这次又考了第一名啊！你要向她学习呀！"你要你的孩子向别人学习，就是拿你的孩子跟别人家的孩子进行比较。有些家长经常和孩子讲，孩子啊，你看楼上的小刚，楼下的小华，隔壁的小红，后面的小丽都表现得不错。所以，大家都发现了，中国的孩子有一个天敌，那就是"别人家的孩子"。在大街上经常有这样一种情景：两位妈妈领着孩子出去玩，偶然遇到，见面寒暄一番。其中一位妈妈就说："好久不见哦，那是你们家小宝贝呀？哇，你们家宝贝真乖，我看着就喜欢！"然后顺便就对自己的孩子说："宝贝呀！你要向姐姐学习哦。"讲完这句话，另外一位妈妈就很谦虚地说："哪里哪里，我女儿有很多问题，你不知道。我看你们家小宝贝很不错，我可喜欢你们家宝贝了！"然后她也转向对自己的孩子说："宝贝呀！要向弟弟学习哦。"家长你们客气，你们谦虚这本无可厚非，但问题是两个孩子躺着就中枪了，孩子这时心里会舒服吗？他就会想："莫名其妙，我都不认识他学什么学呀？"

深圳一所小学曾经发生过一件这样的事，有一个孩子拿板凳去砸同学的头，大家以为他心理有毛病，就问他为什么。这个孩子就讲了一句话："他总是考第一名，我总是考第二名，把他砸死了我就是第一名了。"当家长总是拿孩子跟某人比的时候，那个被拿来做榜样的孩子有时可能就会成为孩子潜意识中的敌人。大家也许听说过现在有些大学里优秀的人，都不敢让自己显得太优秀了。大学里发生过很多惨案，优秀的孩子被同学给伤害了。有些孩子毕业临走时，都要说："感谢室友的不杀之恩。"虽然是一个段子，但听来真是心酸呀！家长不要总拿孩子跟别人比，"评比"让孩子内心不知不觉充满了怨恨，他会觉得别人都是我的敌人。

在孩子年龄还不大的时候，有一天妈妈对他说："宝贝呀，今天晚上妈妈跟几个朋友聚一下，要不带你一起去？"孩子听完可高兴了，屁颠屁颠地就跟着去了。他甚至为了参加聚会愿意早早地把作业做完，我调查过很多孩子，在五年级左右孩子开始变了。孩子到了五年级左右，你再对孩子说："宝贝啊！今天晚上妈妈跟几个朋友聚一下，带你一起去好吗？"结果他就说："妈，我今天晚上作业还没做完，我还要看书，我还要做手抄报，我今天晚上就不去了。"你以为他真忙呀！其实，他心里是这么想的："我才不上你的鬼当呢，这是吃什么鬼饭？只要有人你就会拿我跟别人比较，这哪是吃饭，这是鸿门宴啊！"孩子学得越来越精，越来越怪，都是家长造成的结果，这样的比较较为直接，属于第一层次的比较。

　　第二层次的比较更有意思，是艺术性的比较。有一些低年级的孩子刚开始上学还不知道江湖险恶，可能今天考试了回到家之后就很兴奋地大声喊："妈妈，我们今天考试了！"中国的家长听说孩子考试了，马上就会问："宝贝考了多少分？"孩子说："妈，我考了95分。"很多妈妈都会是这样的反应："哦！宝贝，分数很不错哟，那妈妈问你哦，你们班95分有几个呀？"有的妈妈更干脆地直接问一连串的问题："你们班最高分是多少呢？平均分是多少呢？这次小刚考了多少分呢？你有没有超过上次？"更为关键的是妈妈问完了后，还要总结："孩子啊，你这次考试考了95分，但是妈妈算了一下，95分上面还有5个，你是第6名呀！"搞了半天还是比较，最后弄得孩子一点感觉都没有了。孩子本来蛮兴奋的，回来很有动力的，现在哪还有什么动力呀？

　　不过，孩子第一次受了打击他还是不太服气的，心里就想着我要努力！我要加油！我争取下次考100分。他努力了一段时间，下次真考了100分回来了："妈妈，我们又考试了，告诉你我这次考了100分哦！"妈妈感觉很开心啊，然后跟着就说了："宝贝表现不错，这次考了100

分，妈妈问你啊，这次你们班一共有几个100分啊？"中国的家长都会这样，孩子进步了仍然没忘记要比较一下。她问完之后就说："孩子啊！这次也不算你是第一名啊！你看你们班一共有三个100分呢！"弄了半天孩子发现100分也不算什么。如果孩子没被打击完，他还会继续努力，想要争取一次唯一的100分。过段时间真的如愿以偿了，唯一的100分，也考了第一名，到家仍然很兴奋地告诉妈妈："妈妈，我告诉你，我们班又考试了，我这次又考了100分，顺便告诉你这次我们班就我一个100分哦！"他讲完这句话心里就在想：妈妈，这次你没有什么话可以讲了吧！不过，他低估了妈妈那张嘴。妈妈马上说道："孩子表现不错，不过妈告诉你千万不要骄傲。"然后那个妈妈可能还会跟孩子讲一堆的道理，什么"人外有人，天外有天"……

有一次，有个孩子告诉我，那次他考了100分。他的妈妈是这样对他讲的："妈妈单位里那个小陈阿姨的女儿，已经考了八个100分了！你才考了两个啊。"孩子听完后的感觉就是：真没劲！孩子会发现：我怎么这么努力，永远都不会成为那个最优秀的？从此以后，他就想了：考好我也不给你讲了，考不好我也不跟你说了。考好不给表扬，考不好还要被批评，孩子哪还有"再来一次"的积极性呀！有很多孩子本来高昂的头颅，就在一次一次的比较中慢慢地低下来了。

当然，第三层次的比较就更有意思了，那些比较都是妈妈亲自出马，他们讲话的感觉是这样的，拍着胸脯，一副遥想当年的样子："妈妈像你这么大的时候……""妈妈小的时候……""当年啊，妈妈……"

开头都是这种感觉，然后开始标榜自己。那是既认真，又努力；

既勇敢，又坚强。说完了再加一句话："你怎么不像妈呢？"

很多孩子在小的时候可有意思了，他们看爸爸妈妈是往上仰视的，觉得爸爸妈妈好厉害呀！他觉得爸爸妈妈就是个神呐！

因为那时候他还小，很多他不会的，爸爸妈妈都会。尤其听到爸爸妈妈这么标榜自己，对爸爸妈妈绝对是仰视呀！我曾经见到两个小朋友边玩沙子边谈论爸爸，谈到最后竟然吵架了！有个小朋友先说自己的爸爸很聪明，另一个小朋友说自己的爸爸才是最聪明的，然后两人开始争论。终于有个小朋友忍不住讲了一句话："我告诉你，我爸爸特别聪明！我爸还会读《弟子规》的，他连等于几都会算的。"

在孩子的心目中他觉得爸爸会算数，可厉害了。可是你要知道，孩子会长大的。等有一天孩子长大了，他发现你这个也不懂，那个也不会，你好像没那么神呀？那过去他认为你就是个神，现在怎么发现爸你也不过如此啊？孩子小的时候你把自己装成神，孩子长大后你就把自己弄成了"鬼"，现在很多中国家长都走在一条"装神弄鬼"的道路上。

有一次，有个爸爸在我面前还叫屈道："老师，现在这孩子越来越难教了。"我就问怎么了，他说："昨天被儿子呛了一句，我气得半死了。"他的儿子现在已经初二了，考试满分150分，孩子考了80分。回家后爸爸就问了句："怎么只考这些分呢？"没想到儿子听完后马上回了一句："老爸，现在题目很难的，你以为啊？有本事你来试试看呢。"一句话把他老爸气得要死。不过，他老爸真的考不到80分。我们总是拿着孩子去比较，终有一天孩子会拿着你去比较的。

有些父母真的也挺优秀的，不过我要提醒这样所谓优秀的父母，有的时候父母的优秀对孩子来说未必是一件好事。爸爸的优秀有可能会给孩子带来压力。我曾经见过很多优秀的爸爸事业做得很成功，各方面取得的成就也蛮大的。可是因为他们对自己要求很高，很容易把对孩子的要求也拔高。要求一旦提高，孩子达不到，动力就会慢慢失掉，就会放弃自己。

曾经有一次，我在一家银行给VIP客户讲课，课上我提到了这样一个观点：有的时候，真的不是孩子不优秀，而是我们父母太优秀了。当我们父母太优秀的时候，我们就很容易对孩子提高要求。我们的人生就像爬台阶，我们已经爬了三十多阶四十多阶了，孩子才爬了十几个而已。这个时候他抬头往上一看，发现遥遥无期呀。如果你站在上面不是温柔地去引导他，而是冷冷地要求他"快点，快点"，甚至说"再不快点，小心我抽你"这样的语言，那这个孩子就会说"算了，算了，反正我也赶不上了"，他干脆就一屁股坐在那里不动了。所以，我们总结了一句话："不是孩子不优秀，而是父母太优秀。"

课后，一位据说是一家上市公司的老总找到了我，说："老师，你讲的是很好，不过我觉得有一点要改动一下。"我说："哪里要改呀？"他说："老师，你说的'不是孩子不优秀，而是父母太优秀'，你说的又对，又不对。"我就问他这话怎么讲，他就说："对像我这样在外人看来是一个很优秀的人，我已经是个博士。但你知道吗？我怎么看我自己都像几岁的孩子。其实不是孩子差，而是我的要求高了。我总觉得他不够优秀，而我的优秀在哪里？在事业上，在工作上。但在教育孩子这个点上，我一点都不优秀。我觉得我才是'低能'。听完老师您讲的课后，我才知道我整个都错了。我觉得应该改成'不是孩子不优秀而是父母太落后'，我们这些父母在教育孩子这个点上其实是很落后的。"

有很多优秀的家长，你的优秀是在你的专业领域，是你的事业，但不证明你在教育孩子方面的优秀。在教育孩子这个领域，也许你真的是一塌糊涂。

我在抖音上有一个粉丝，介绍闺蜜过来听直播，听到我的课后觉得这个老师的课真好，第二天早上想尽办法把她的老公拉来抖音直播间听我的课。

以后她回忆道，她老公进我的直播间的时候，表现出不屑一顾的样子。他听到我在直播间说"学术有专攻，你搞不定的事情也许别人就能够帮你搞定"时，颇不以为然，非常拽地跟他的老婆说："我把几百多个员工都搞得妥妥的，就那个小兔崽子搞不定？我告诉你没有人能搞得定他。"

他老婆说：他们有品牌体验课"幸福法则"，有机会带你和老师聊聊，当面和老师辩论，看看能不能摆平咱的孩子。

后来，这位爸爸来到"幸福法则"的现场，课间休息的时候，过来找我，傲慢地说："你们讲的理论我都懂，没用，我手下也是几百名员工。"我当时毫不客气地跟他讲了一句话："这位爸爸，你太自以为是了。你搞定两百多个员工可以使用经济的杠杆，可以使用法律和规则，但这一切在孩子身上是不适用的。孩子有他自己的成长规律，教育孩子自有教育孩子的法则，不能够使用管理员工那一套。你用当老板的感觉回家去当老爸，你错得一塌糊涂。你的孩子你搞不定，不见得我搞不定，只要你敢把孩子送给我，我就敢把孩子变得优秀给你看。"

那位爸爸听我讲完，将信将疑地看着我。可能也是被我的这种自信的气场给镇住了，就让老婆给孩子报了我们"幸福少年·领袖营"的课程。他的儿子参加完课程，回去后发生了翻天覆地的变化。那位爸爸在领袖营结束现场看到孩子的表现很感动，不自觉地流下了眼泪。

但是我给他打了一个预防针：回到家以后，如果你们夫妻两个不成长、不进步，你再用原来的方法教孩子，孩子变回原来的样子，那是你的事，我可救不了你。

后来，这位家长开始改变，成长很快。我推荐给他很多父母学习成长的课程，他全部认认真真地听。家长有成长，孩子也有改变，这样整个家庭就进入了一个良性互动的正能量场。孩子进步了，家庭幸福感也增强了。现在只要听说我去他们那边讲课，都是想着法子要请我吃饭。除了表达对我的感谢，还说了一段很重要的话："我们的事业再成功，也不能带走，家庭也无法幸福。只有看到孩子优秀了，我们才能真正幸福起来。老师，你们做的事业功德无量呀！"

正所谓"闻道有先后，术业有专攻"。有些家长在事业上风生水起，一年能挣一个亿，十个亿，可是却不能把孩子教育好。

教育还是要由专业的人来做。如果你不愿意沉下心来，不愿意去了解孩子的成长规律，未必搞得定。孩子的家长们，一定要注意。

即使你本身很强大，也一定要放下你那个高贵的尊严，不断学习跟孩子一起成长，这样可能对孩子更有效果。

当然，还有一些不智慧的家长，他本身不优秀，但为了教育孩子，他装作很优秀的样子。有些妈妈动不动就在孩子面前吹牛"妈妈小时候怎么样……"有些孩子看不到妈妈优秀的样子，他们就会怀疑。

我发现很多孩子特别喜欢向外婆打听妈妈小时候的情况，当他们发现妈妈原来并不像她自己说的那样优秀时，他们的潜意识深处就有一种报仇雪恨的快感。然后也就对你的教育更加不屑一顾、嗤之以鼻了。

我遇到过这样一位爸爸，从外观看估计他的人生也不怎么样，但吹牛吹得蛮厉害的。那次，他把孩子拎到我面前，跟我说："老师，我家孩子六年级了，最近数学好像不大对劲，你能不能帮我诊断一下呢？"他讲话文绉绉的，叫我"诊断一下"。

我请郧涛老师给这个孩子做了一些测试，然后跟那个爸爸讲："你家孩子最近有个数学知识点掌握得不太好，就是百分数那部分。按照道理，百分数学得不太好那就补一下，处理一下，就可以了。"没想到那个爸爸马上做了一个动作。那个爸爸比他儿子个子高，食指伸出来指着儿子说："儿子啊，这百分数有什么难的？这百分数爸爸小时候不学也会啊。"

儿子把头低下来，我当时就觉得这位爸爸挺能吹的，因为我自认为我也是蛮聪明的人，最起码我是学了才会的。他不学就会了，怎么有这么聪明的人？尤其是看到孩子把头低了下来，我就知道这个孩子内心肯定受伤了，就对他爸爸说："请你回避一下，我跟孩子讲两句。"

他爸爸出去后,我就问孩子:"孩子啊,你爸刚才那么讲话,你心里难过吗?"孩子点点头,难过。

我说:"你有什么想法吗?"他说:"有。"我说:"你能把想法说给我听听吗?"他点点头:"行。"他讲了两句话:"老师,我觉得我爸爸就是个神童,我就是个笨蛋。我爸爸不学就会,我学了也不会。老师,你说我爸爸这么个神童,到现在混得也不怎么样,那像我这样的笨蛋将来到社会上,还有名堂吗?"各位,你有没有发现这位爸爸一句吹牛的话,就把孩子打入了无间地狱。如果不经过开导,我估计孩子会彻底失去自信。

有些人整天把自己抬得那么高,原来的想法可能是想让孩子找到榜样的力量,让孩子更有动力。但你没有想到的是,你的一句话,可能让孩子放弃人生。这样的家长是不智慧的,甚至可以说是愚蠢的。请记住一句话:"愚蠢的父母抬高自己,贬低孩子。智慧的父母贬低自己,抬高孩子。"你可以对照一下,你是愚蠢的还是智慧的?真正智慧的父母,不是要跟孩子争输赢,父母的肩膀是让孩子踩的。如果孩子踩着父母的肩膀,站得更高,看得更远,最后超越了父母,这就是父母最大的成功。

我有多次跟朋友们在一起,既是开玩笑也是说真的,我说:我最崇拜的还真不是孔子和孟子,而是他们两位的妈妈,也就是孔母和孟母。因为我觉得孔子是孔母培养的,孟子是孟母培养的,我发现孟子和孔子的教育水平还真不如他们的母亲。因为孔子没有培养出一个比他更厉害的人,孟子也没有培养出一个比他更厉害的人。而孔母和孟母培养出了比自己更厉害的人。请各位家长一定要有一个概念，我们低一点不要紧，但是要想尽办法把孩子托高。做妈妈，孩子成功，就是我们的光荣。孩子成功，就是我们要的。

所以，从今天开始，不要再用"比较"这把刀来砍你们的孩子了。如果你一定要比的话，以后换一种比较方式，拿孩子的优点跟别人的缺点去比。现在我们有些家长喜欢拿自己的缺点跟别人的优点比，那怎么比得过别人呢？我们以后真的要比的话，把孩子的优点找出来跟别人的缺点比，越比越自信，这个孩子才越有能量！

第二把刀——唠叨

"唠叨"，"唠"是口字旁一个劳；"叨"是口字旁，一把刀。"唠叨"这把刀是用嘴。

如何让孩子爱上学习？有些妈妈对我说："老师，你知道吗，其实我对我儿子蛮好的。我是豆腐心，刀子嘴。"我说："很可惜，你儿子没有摸到你的豆腐心，但碰到了你的刀子嘴了。"

讲到唠叨，我总会想到一个人物形象，就是"大话西游"中的唐僧。唐僧见到谁都是唠叨，有一次他被妖怪抓过去之后，两个小鬼本来是看着他的，后来他见到小鬼就唠叨。两个小鬼实在受不了，就对唐僧说："你不要讲了，我们自杀行不行？"然后真就自杀了。虽然这是周星驰无厘头的表演风格，但也可见唠叨的杀伤力很强。孩子在家长的唠叨下，虽然没有自杀，但是他们的心里是很受伤害的。当妈妈唠叨的时候，孩子就会觉得妈妈真烦人，慢慢就不喜欢跟妈妈讲话了。而妈妈一旦发现孩子不怎么跟自己讲话就又着急了。有些妈妈就因为这，跟我说：老师急死了，我说：怎么啦？又急死了？妈妈说孩子不跟我讲话了。但她并没有思考过，孩子为什么不跟她讲话？现在家长跟我讲话，总要带一个死字，真不容易。那个孩子生下来的时候还是欢天喜地的，怎么过了这么几年就变得要死要活的了？这都是教育不对惹的祸呀。

在动力训练营里时，我经常找孩子们聊天，问他们："孩子们，你们怎么不愿意和妈妈讲话呢？"那些孩子讲话可有意思了："老师冤枉啊，你知道吗？我妈讲话倒来倒去就那么几句话。她只要开口讲前两句，我就知道第三句是什么了。"你看看都没有新鲜感，孩子哪还有积极性呢？

所以，孩子慢慢就不跟你讲话了。可是有些孩子也知道，不讲话也不行，越不讲越唠叨，这时孩子就会有对抗的表现。

大概有以下三种比较常见的反应：

第一种反应是抬头看天叫天花板型。

孩子的感觉就是："你说吧，反正我也逃不掉，那就只能待在这，听你唠叨了。"这种情况下，妈妈在说的时候，孩子一副不耐烦的样子，效果就可想而知了。

第二种反应是低着头看地叫地板型。

孩子知道不听也不行，但又不想听，那就把头低着呗，看起来好像在听的，其实你也不知道他在想什么。

我也曾经问过孩子，这时他们会想什么，有些孩子告诉我："在数妈妈还会讲几句。"他心里是这样想的："又是这一套""又来了，还好还剩三句，还有两句，还有一句……"这个时候妈刚好讲完了，就会问：孩子你都听懂了吗？请问这时孩子会说什么呀？他当然说听懂了。如果他不说听懂了，那妈妈就会再讲一次了。

于是有个妈妈每次都跟我说："那个死孩子，每次跟他讲都说听懂了，他怎么就做不到呢？"这样的妈妈自己太不智慧了。

在这种情况下傻瓜都知道，要说听懂了呀。如果说没听懂，妈妈会再说一遍的。但是他怎么会听得懂呢？你所有讲的话，他都是左耳朵进右耳朵出，根本就没有入心。所以，有些孩子把头低着其实也是为了逃避妈妈的唠叨。

第三种反应是东看西看叫左顾右盼型。

家长可能说得很起劲，而孩子却可能左看右看什么也没听到。有一次，有一位妈妈就把孩子带到我的办公室，然后就开始唠叨了。孩子就左看看右看看，根本就是不在意的样子，过了一会孩子突然大叫了一声"妈！"孩子这样叫一声，那个妈妈马上就指责孩子大惊小怪的。孩子说了一句话："妈妈，我看到你头上有一根白头发了！"唠叨了半天，孩子的收获是看见了一根白头发。她妈妈说："我的白头发都是被你气出来的！"没想到孩子听完这句话后眼睛一转，不到一秒钟后，讲了一句话："妈，那我想问一下外婆满头白发是被谁气的呢？"那个妈妈气得一口气差点背过去，然后对着我说："老师，这孩子这样你说我该怎么办？"是的，这位妈妈已经没办法引领孩子了。说实话，孩子的智慧已经超过妈妈了。

其实，在很多时候，父母们能讲的道理孩子都懂。但这样的唠叨不但不能让孩子认同和理解，可能还会引起逆反心理。这样的唠叨不但不能起到作用，有时反而让自己下不了台，在孩子面前丢脸。

还有个家长曾经在我面前恐吓她的孩子，你猜她是怎么恐吓的？那天她儿子考了32分，拿着试卷在那骂孩子："你这么不要好，考不到大学怎么办？"讲了一会觉得力量还不够，开始进行宣判式恐吓了。"我看你这样子是没什么名堂了，你将来肯定考不上大学了，将来扫大街都没人要你！要么去乡下放羊！"多么厉害的宣判呀！讲到这个时候，妈妈可能突然想起爷爷家就在乡下，于是继续宣判："告诉你啊，正好爷爷家里有羊，过两天送你到乡下爷爷家去放羊！"也许这位妈妈当年是从乡下奋斗到城市里来的，也许她觉得乡下是很恐怖的地方，所以她觉得用这样的方式来恐吓孩子，是会有效果的。可是没想到儿子一下转过来，非常期待地看着妈妈，问了个问题："妈妈，那哪天去呢？"她满以为让孩子去乡下放羊可以恐吓到孩子，结果孩子根本就不在乎。所以，有的时候妈也许并不知道一句话讲得不好，不但自己下不了台，尴尬最后还没有任何效果。

妈妈的这张嘴太重要了，讲什么内容将直接影响孩子的状态。如果会讲，你就好好沟通。如果不会讲，你就做到两个字好不好？这两个字叫"闭嘴"。

请大家记住一句话：好马好在腿上，好妈好在嘴上。如果想做一个好妈妈的话，要把嘴修一修。

当孩子已经觉得妈妈是个唠叨的人的时候，他就开始有意识地躲着妈妈了。有的妈妈又着急地打电话给我说："老师，我都急死了。"我开玩笑说："怎么啦，你又要死一次？"她说："孩子回到家后就躲在房间里把房门关上了，怎么办呢？"我说："房门关上你拿钥匙打开不就行了吗？"她说："钥匙被他藏起来了。"然后我就说："哦，这样啊。那家里有铁榔头吗？"妈妈说，有啊，有啊。然后我就说："那就把铁榔头找出来，把门给砸开不就行了吗？"讲完这个话之后，她就问："老师能行吗？铁榔头能不能砸开一道房门呢？"

各位，今天砸开的是这道门，但还有一道门是砸不开的，就是孩子的心门。如果孩子的心门不打开，把木头门砸开了又有什么用呢？当孩子心门紧闭的时候，你讲的真理也是废话。

平常家长们对孩子唠叨的内容都是有道理的，但是为什么不起效果？因为孩子没有用心去接收。所以，在教育孩子之前，一定要想尽办法让孩子的心门先敞开。可是，开心门的那把钥匙在孩子的心里面啊，你不要说把门砸开了，你就是把衣服扒光了，也拿不到打开孩子心门的那把钥匙。唯有走入孩子的内心才能打开孩子的心门。但很可惜家长的唠叨往往走不进孩子内心，反而让孩子把心门关上了。

还有五把刀：骂、打、冤枉、讽刺、恐吓。

这几把刀的情况我就简单给大家罗列一下，不再详细展开阐述了。

第三把刀——骂！骂孩子

相信不用我解释家长们也都会有感觉的。有些家长还跟我说："老师，我的口才不太好。"我说："不！当你骂孩子的时候口才比我都好呢。"有些家长在骂孩子的时候，那可厉害了，什么词语有杀伤力就用什么词语，甚至有种"书到用时方恨少"的感觉。

第四把刀——打！打孩子

我相信"打"也是很多家长最习惯的教育的方法之一。前面说到如何让孩子爱上学习层面的动力的时候，也说过一些，打孩子除了让孩子的动力消失外，还会造成很多个方面的问题，以及亲子关系的问题。

第五把刀——冤枉

很多孩子在家里可冤枉了，遇到什么不好的事，父母就会算到孩子头上。有的孩子在学校里被老师冤枉了，本来还指望回到家让妈妈拯救一下，谁知道妈妈说，老师为什么不说别人就说你呀？肯定是你的问题。

他们发现妈妈比老师冤枉人还厉害，所以干脆什么事情也不讲了。有时候夫妻两个吵架把气撒也在孩子身上，孩子也挺冤枉的。

第六把刀——讽刺

讽刺一般是孩子表达一些想法时，会说："妈，我今天跑步全班第一名，你觉得我这样练下去，有没有可能成为刘翔？"有的妈妈马上来一句："你腿那么短，你还想成为刘翔？赶紧写作业去吧。"还有的孩子说："妈我长大后想当作家。"妈妈就说："你语文那么差，你还想当作家？你还是坐在家里吧。"一句话就把孩子的梦想给砍掉了，这是一把讽刺的刀。

第七把刀——恐吓

父母们对着孩子说："回家看我怎么收拾你。""你小心点。""你等着瞧，你将来肯定没什么名堂。"这些都是恐吓。

各位亲爱的家长，现在可以闭起眼睛思考一下，你身上是否藏着这些刀呢？我曾经多次在课程现场问家长，问他们身上有没有这些刀。绝大部分都承认身上有刀，有些甚至直言七刀俱全！但也有少量家长好像觉得自己并没有刀。其实，问家长只是做个简单的测试。

我还经常给孩子们讲这堂课，讲到最后我就问：亲爱的孩子们，你们爸爸妈妈身上有一把刀以上的请举手。我相信你们都能猜到是什么情况了，百分之百举手，没有不举的。说实在话，我更相信孩子他们的话是最真实的。也就是说，中国的家长几乎所有人都是有刀的。有些孩子听完我的课还跟我说："老师，我妈身上可不止七把刀，还有第八把呢！"可见中国的家长有刀数量之多，用刀之熟练。刀的杀伤力相当厉害。如果遇到讲亲子场的课，我都提前打招呼，告诉孩子们："亲爱的孩子们，老师讲课过程中，请你们不要指指点点啊。"

为什么要讲这个呀？

因为在我讲课的过程中，孩子会说："妈妈，这把刀你有啊。""妈妈，这把刀你也有啊。"到最后，我会让有刀的家长举手，很多家长就纠结了。

举吧，孩子就在旁边，多丢脸啊；不举吧，孩子就在旁边，多不诚实呀。

有一次，吴子钦老师在"周末学习动力营"授课，讲到这个内容时，有一位孩子在听到要家长举手的时候，就很兴奋地对着妈妈说："妈，举手！妈，举手！"但是这个时候，妈妈就很淡定地坐在那动都不动，冷冷地看着吴老师。当孩子要求她举手时，她连续警告孩子两次不许乱动。但孩子还不识趣地说了一句："妈，你要举手，你有的哦。"这时候妈妈就打了孩子一下，并说了一句话："你再敢动一下，看我回家怎么收拾你！"这位妈妈现场拿出了"两把刀"，然后那个孩子哇地就哭了。说实话，真的很担心这个孩子的未来。因为这位妈此时把自己的面子看得比孩子的成长更重要。她并不知道在这个时候我们低下一点头，我们示弱一下，就会对这孩子有巨大的好处。

因为这样孩子在心里会更尊重妈妈。后来，妈妈在吴老师面前真的承认了她的问题。其实各位家长，有的时候你不愿承认，孩子就会说妈妈你太假了。将来有一天你希望孩子诚实的时候，他也不会诚实的。

当然，有的家长可能开始不理解，老师为什么这么讲课？其实是为了打开孩子的心门。当一个老师今天来给他们讲课，很多孩子本来是觉得："肯定又来一个说客，跟父母老师是一伙的！"但是他们听老师讲课，好像一直在讲家长们的问题。他们会听得很来劲，觉得这个老师不是外人，而是自己人。一旦他觉得你是自己人，他就会把心门打开。后面你讲什么都是对的，他才可能接收到。到了后面，我们会慢慢地把父母的良苦用心讲给他们听，他们才会理解父母为什么要这么做。教育是融进去、诱出来的过程。

为了让大家下决心放下屠刀，我再分析一下"七把刀"教育模式带来的危害。

一个人有两个属性：第一个是物质属性，就是他的身体。第二个是精神属性，就是我们前面一直分析的自我价值。决定一个孩子未来是优秀的还是平凡的，是他的精神属性，而不是物质属性。毛泽东一米八几，邓小平一米五几，但这两个人都是伟人。我们说他们是伟人，绝对不是看他们的长相，也不是看他们的身高，真正看的是他们背后那种精神的力量有多强大。所以，未来一个孩子的成功不是取决于前面的物质身体，而是后面那个看不见的精神，也就是自我价值。如果一个人的自我价值感很强，那这个人绝对强大。即使遇到再大的困难，他也会奋勇前进，他有再来一次的勇气。

如果一个人身体长得非常高大，可是他的自我价值感非常弱，那就是外强中干，内心非常脆弱，可能一点挫折困难都会把他打倒。孩子有个阶段的自我价值很高很高，大概在三岁时。三岁的时候，这个孩子会觉得自己天下第一，我就是最棒的，我就是世界冠军！如果能一直保持下去，这个孩子将来一定是个人物。但很可惜，我们的教育往往不是保护他的自我价值，而是在打击他的自我价值。当这个孩子一天天长大，上一年级了，我们发现他好像跟别人比还有点差距，发现这里有缺点，那里有毛病，于是我们开始用"七把刀"来教育孩子。

我们用上比较、唠叨、打骂、冤枉、讽刺、恐吓。那这几把"刀"对身体有没有伤害呢？最多在打的时候，当时身体会有一点点痛，但很快也就消失了。但是这"七把刀"会透过身体伤害到精神，这才是最可怕的。他的精神会被砍得越来越差。如何让孩子爱上学习呢？直到最后彻底被砍倒在地。

当一个孩子的精神被砍倒的时候，从外在的身体是看不出来的。这个时候他的身体看起来一切照常，但是他的精神属性中的那个自我价值已经被我们砍下去了。这时他的内心开始恐惧，希望能够找回内在的精神属性，实现自救。

这一自救过程大概会有四个阶段：

第一阶段：吸引关注阶段

为了证明自己的价值，体现存在感，他会做一些出格的事。比如在教室里做鬼脸引别人发笑；把头发弄得像鸡窝一样，还要烫成黄黄的；手上雕个龙、画个凤，抽烟喝酒谈恋爱；不好好学习……他做这一切只有一个目的，就是希望得到别人的认可和尊重，然后把那个倒下的精神给救起来。但问题是如果孩子有了这些表现，家长们老师们不会理解他们，只会觉得这个孩子"死"不要好，问题重重，缺点多多。为了教育好孩子，他们会继续用七把刀砍得更狠。

第二阶段：直面抗争阶段

孩子发现做了那么多，不但没有获得精神支持，反而被砍得更厉害，他觉得要改变策略了。

于是进入第二阶段，直面抗争了，这时候就是跟你对着干了，这就是所谓的逆反。你叫他向东，他偏要向西；你叫他骑马，他偏要骑驴。总之一句话，跟你对着干。在这个孩子跟你对着干的时候，我们更多的时候仍然认为这是孩子的问题，所以家长们会继续镇压他。

这时候有几种可能性：

第一种是跟你撕破脸皮，你再也镇压不住，那好，这个孩子可能彻底变成脱缰的野马，父母也将彻底失去对孩子的管理能力。有些孩子夜不归宿，网瘾严重，父母却无能为力，基本上都是这种情况。

第二种情况是父母镇压不住了，孩子胜利了，从此以后他走上了正道。他把精神救回来了，他要的是被尊重的感觉，这种情况是幸运的，但概率很小。

第三种情况是在家被父母镇压住了，但孩子那种身体属性中表现出来的力量让他在外面会冲动，所以经常打架滋事，说不定被社会上的邪恶力量带走了。那些十几岁的孩子跟社会上的混混在一起，男孩子动不动就掏刀子，女孩子跟社会上不良青年谈恋爱，基本上都是这样的第三阶段。报复阶段孩子跟父母对抗的目的是让父母重新认识他们，为了证明自己进而实现自我价值的拯救。但是，他发现父母太强大了，老师太强大了，自己的对抗不会成功。

第三阶段：报复阶段

于是将进入第三阶段，报复阶段。我知道跟你直面抗争是不行的，那我只有暗地里报复你了。报复的形式也有多种，比如孩子听说今天父母被领导批评了，他心里有一种报仇成功的快感。比如今天你想让我做什么，我就故意做不好气你。你想让我好好学习，我就故意差给你看。你平时希望我在哪个点上给你挣面子，但我会在关键时刻掉链子。

我发现一种现象很奇怪，比如英语老师的孩子英语成绩特别差，数学老师的孩子数学竟然学不好，按道理这是不可能的。毕竟家长作为人民教师，更应该把孩子培养得更好才对。其实，这很有可能是孩子的一种报复。孩子想法很简单，你拽什么拽？你不是优秀的吗？我是你的儿子，我就差给你看！我把你的脸给丢光！这也是一种报复。我们在记忆训练营中发现一个孩子数学很差，但他的爸爸是一位学校的奥数教练，培养了很多奥数比赛选手，甚至拿过全国比赛的金奖。我在跟孩子交流时，他首先告诉我自己很笨，学不好数学。但随着交流的深入，他对我打开了心门。他告诉我因为爸爸教的那些人都是绝对的学霸，爸爸总拿他跟那些人比，让他越来越找不到学习的信心，到后来他干脆就把数学给放弃了。而且心里经常想着就是要把数学学得差一点让爸爸丢脸，省得他整天在外面嘚瑟，说完后孩子哭得很伤心。这是一个典型的报复例子。

这样的情况我们在每一期的训练营中都会遇到。今天中国的家长们最可悲的，莫过于自己辛辛苦苦地培养了一个仇人。

正如一个学生曾经说的，什么叫亲人？亲人就是亲密的敌人。除了上述这些抵触性的报复行为，更有甚者有些孩子竟然做出伤害自己的事情。他们或拿刀在手腕上割，或拿烟在手臂上烫。

孩子的行为既然会给他们身体上造成疼痛，那他们为什么还要这么做呢？因为孩子知道妈妈你是爱我的，那我就要通过伤害自己的身体，让你们觉得痛苦。这时候他自己竟然不感觉疼痛，反而带着一种报复的邪恶心理。当然，还有最可怕的报复，那就是孩子直接轻生。轻生时的报复心理是我要让你后悔一辈子！

第四阶段：放弃阶段

如果报复也没有成功，他就会转入下一个阶段。他会说："算了算了，我就放弃吧。"

2019年暑假训练营中，我遇到一个11岁的女孩。看到她手上有好多刀疤，我就知道她肯定有问题，于是就跟女孩单独聊天。这个女孩跟我说了她的经历。

她小时候成绩还是不错，但后来父母对她要求很高，动不动就打骂，讽刺，比较，唠叨。慢慢地她的学习劲头没了，喜欢看小说，沉浸在虚幻的世界里。父母越发严厉，她跟父母对骂过，对打过，都没起作用。终于她在8岁那年轻生了。

轻生没有成功，她被抢救过来了。醒来之后，她发现妈妈在她的床前哭。这时候她内心有一种快感，但随后就有了一丝丝的不安，觉得对不起妈妈，万一真的死了妈妈会很痛苦的。这时，爸爸来了，他看了一眼女儿，冷冷地说了一句："不如死了算了。"在那一瞬间，女孩突然意识到，我死都没有价值，死都不能让他伤心。既然如此，我死了还有什么意义呢？所以，再也不想死的事了。但是也并没有从此奋发努力向上，而是变得沉默寡言。

她妈说什么话，她永远这样反应："好的""可以""行啊""就这样""无所谓""还行吧"……人也是软绵绵的样子，提不起精神。但她也不反抗她爸妈，好像一个听话的孩子，可是她跟她爸妈的关系一塌糊涂。

那天我想跟她聊一些未来梦想的时候，她的眼神迷离，觉得她的人生就是这个样子了，已经没有什么未来，没有什么梦想了。

这个孩子到了第四个阶段，叫放弃。可以说，当我一次次接触到这样的孩子，看到孩子的精神被打击的过程时，我想朝着那些所谓的教育者呐喊：你们那不是教育，那是在犯罪！

也许在肉体层面无法对你判刑，但在精神层面你们已经犯下了滔天大罪！因为你们杀害了一个人的精神！如果我们的教育不能让孩子的精神更加强大，那就是一种伪教育。一个孩子就是一个家庭的希望，一个家庭将影响一个家族，一个家族也许将影响一个民族！只有每个孩子都强大，国家才会更有希望！我想如果国人都能拥有精神力量了，那每个孩子都能获得帮助，每个家庭都能获得幸福了，那才是真正地实现了中国梦！

教育本来就是神圣的，我真心希望每位家长都成长觉悟给到孩子精神的力量。我也正是因为心怀这样一种使命感，希望用自己的力量能帮助到更多的孩子、家庭，所以一直努力在这条路上前进着。无论遇到怎样的困难、挫折，都没有改变初心。我愿意带着亲爱的家长们共同前进！

每年寒暑假开训练营，好多孩子喊我孙妈妈的时候，我的内心暖暖的很幸福。如果你发自内心地帮助到一个孩子,这个孩子得到成长的时候,就会反过来感谢老师。不是他给我多少财物,而是他内心的那一点点感恩的心,我觉得我收到之后,就更加增强了我不断前进的动力。我的动力也来自孩子们不断地给予。每当看到孩子们的变化,看到家长们幸福的感觉时,我就觉得我身上的使命感变得更强,我会带着更大的期许和动力前进。

第五节 重塑孩子自信的"九个一"工程

前面我们分析了精神力量,自我价值的重要性。如果你的孩子的自我价值已经被打击得很低了,那我们就得想办法把他的自我价值重新提升起来。如果你的孩子年龄还不大,自我价值保护得还比较好,那就得知道如何更好地保护,让他始终保持着较高的自我价值。重塑孩子的自我价值,需要我们双管齐下,从内在和外在两个方面去着手努力。

外在的方法是指我们的言行怎样给予孩子动力,提升孩子们的自我价值。

我们先来看一下。简单来说就是学习一些动作只要你真能运用得非常熟练,我敢保证一定会有效。这套方法我们称之为"九个一"工程。

第一个"一"是跷一跷，就是跷大拇指

关于跷大拇指请记住一句话，跷一跷，不跷白不跷，跷了不白跷。

怎么理解这段话呢？如果买一个汉堡，买一个悠悠球，可能要花十块才能给到孩子一点动力。哪怕幼儿园的老师用一个小红花也要至少花上一分钱，长在我们身上的手指一分钱也不用花，那不跷就太浪费了，所以说不跷白不跷。我们所拥有的一切都叫资源。当然用对了就叫资源，但是用错了就叫垃圾。有很多人的手指不是往上跷，而是往下点。他们不是用大拇指给人力量，而是用食指给人压力。如果这样手就变成了垃圾，而不是资源。为什么跷了不白跷呢？因为当你真的学会跷大拇指的时候，效果是很显著的。

比如晚上孩子回家跟你讲了一句话："妈妈，我们班考试啦！"你说："孩子考了多少分？"孩子说："妈妈我考了×分。你千万不要问××分有几个，这种比较的问题了。"这时候你什么都不要说，对着孩子跷跷大拇指，跷一跷之后孩子马上就会感觉到一股力量，他会说："老妈我去做作业了啊。"跷一下就跷出了力量，孩子感觉好了，动力就出现了，自信就增强了，自我价值就提高了。

有人说那我今天晚上就跷，那样的话我还是很担心你能不能做到。因为现在你在学习的时候，心情比较激动，可能会想着一定要跷一跷。可是如果回到原来的环境中，孩子、老公、老婆，还是老样子，你也很容易被打回原形。所以，既然要练，当然是现在就开始练。在接下来的时间里，你边看书，可以一有机会就把大拇指跷跷。如果能跷到

几十次，可能见到儿子或配偶时下意识地就跷起来了，效果就会出现了。现在你就练习一下吧！

有的读者可能会说，我看到好的内容，那我就跷拇指。如果这段内容说得不好，我就不跷。如果真是这样，说明你的修行还不够。今天你朝别人跷大拇指，其实不是为了别人，是为了自己。如果你跷了拇指，练到的是自己的习惯，提高的是自己的本领，其实是拿别人当自己的孩子练练手而已。再说了，如果今天的内容并不是特别好，你还能跷大拇指，那对孩子的任何表现都可以跷起大拇指了。

记下一句话：遇到好事跷大拇指，那叫会做事。遇到不好的事还能跷，那叫会做人。

所以，接下来一有机会就要跷一跷。

第二个"一"叫点一点

就是把头点一点。同样的道理，不点白不点，点了不白点。有些人头都点不下来，估计颈椎有问题。

你想想：如果天天都这么点点的话，你的颈椎也会变好，也在治你的颈椎，所以不点白不点啊，但是点了不会白点的。

当孩子回到家，以后如果你能真的经常点的话，发自内心地点，孩子就会感受到一股力量。如果孩子回到家跟你讲一句话："妈妈，今天我扫地扫得蛮干净的，老师都表扬我了！"如果孩子讲完这句话，你千万不要带着讽刺的刀这样讲："扫地干净有什么用呀？扫地干净又不能考大学，你将来扫大街去呀？"你看，你讲完这句话后，孩子本来满怀兴奋的感觉都被你这把刀给砍没了。

如果孩子真能扫地扫得很干净，这也是很厉害的本领。也许十年以后很难找到会扫地的孩子了。既然如此如果你家孩子能把地扫干净，那就是一种重要的能力呀，说不定就因为会扫地而变得很抢手的。会扫地的人都是有德之人，好多人看不起扫地的人，这就是没德。如果孩子跟你说他把地扫得很干净，你应该马上对着他点点头，孩子就会觉得："哇！今天妈妈认可我了！今天妈妈肯定我了！"说不定他就会很有改变，就主动去做作业了。所以，人的感觉好了，内在有力量了，他就会迁移到他要做的事情上去。但他没有感觉的时候，精力就用不到学习上。我前面已经讲过了，××分的孩子自我价值很高，他会追求完善，他是想着怎么去解决他的问题。但是一个分数较低的孩子他不会想着怎么去完善自己，他是想着怎么去防御，怎么去解释问题。

所以，自我价值高有动力的人，他会解决当前的问题；自我价值不高，没有动力的人，他会解释找理由。他就不把精神用在当下要解决的问题上。你看这就是巨大差别。所以，一定要让孩子内心感到力量。今天对着孩子点一点，并不表示我一定对你的结果很看重，而是通过这种行为让孩子觉得被认可、被肯定。他的动力就会回来，自我价值就会提升。

第三个"一"叫鼓一鼓

当你鼓掌的时候，别人就知道你在认可我，每次讲课，对讲课内容可以说早已轻车熟路了。但是如果当天现场观众十分热情地鼓掌，我会讲得更顺畅、更有激情！可见鼓掌是可以给予别人力量的。如果孩子回到家跟你讲一句话："妈妈，今天我跑步跑了第一名，你看我有没有可能成为刘翔呢？"先不要管他是否真的能成为下一个刘翔，我们要做的就是给孩子鼓励。不过，你千万不要说你成不了，也不要说你一定能成，一定能成肯定是骗人的。但是说你成不了，对孩子来说也是一种打击。所以，不管他成不成都给他鼓一鼓掌，给他力量。有了鼓励，孩子愿意训练自己，我们的目的也就达到了。

一般人在会场里听课或某些场合会被带动鼓掌，也就是看到别人鼓掌了，自己也会跟着鼓起来。但这样的人往往自己不会主动去鼓的，所以要有意识地练习自己主动鼓掌的习惯和能力。比如下次遇到听课的机会或者跟别人在一起交流的时候，有意识地去鼓几次掌。如果你真的这么做了，你发现慢慢就会成为一种习惯，而这种习惯就会改变你现在的状态。

前面我已经讲了三个了，跷一跷，点一点，鼓一鼓，其实这些简单的行为不但对教育孩子有用，在夫妻相处中也是有用的。我们发现生活中女人其实挺不容易的，女人回到家里可能要洗衣、拖地、做饭，什么都要做。有的时候男人还不太理解，导致女人在家里边拖地，边抱怨。正在她抱怨时候，突然男人把房门一打开，就进来了。女人可能会没好气地说："别动，换鞋子，我刚拖过地，又乱踩。"可能她这个时候语调不太好，有的男人也不太懂她现在的心情，于是马上说了一句话："有什么了不起，不就拖个地吗。"那接下来，两个人很有可能就要吵架了。因为他们都在证明你有什么了不起，你错了！这个时候假如，男人稍微智慧一点，看到老婆这个样子，可以这样做：赶紧把脚收回来，然后对着老婆做一个动作，跷一跷，最好是边点头，边跷。做完这个动作，我向你保证你的女人心马上就软了，她可能会说这么一句话："好了，赶紧换个鞋子，等我把饭做好了叫你啊。"你看，就这么一个动作就把女人的心给收掉了。我们何乐而不为呢？为什么一定要战斗呢？

中国的《孙子兵法》中最高的境界叫"不战而屈人之兵"。我们现在经常是打了半天也不能把对方打败，干吗要打呢？要用这些动作不战而屈人之兵。同样的道理，女人对男人也是一样。

如果男人今天很兴奋拎着包一回来把房门打开就说："老婆，我告诉你生意谈成功了，给我倒杯水。"本来蛮兴奋的，谁知女人说道："有什么了不起，不就两万块钱吗？我不累呀，你自己倒不就行了吗？"

你讲完这段话，男人心里肯定想：这是哪儿来的鬼女人？不如一脚踢掉算了。反过来，如果这时候的女人哪怕心里不爽，也去倒杯水，端到沙发前，然后对着老公做一个动作——边点头边跷大拇指，你这么一做完之后我敢保证那个男人很有可能一把把你搂住，讲一句话：老婆你放心，明天我会更加努力，我一定要多挣钱，让你过上更幸福的生活！

所以，一个智慧的女人征服你的男人，不一定要用你的硬，而应该用你的软。男人是吃软不吃硬的，你想跟他来硬的，再怎么说人家也是男的，你是女的。人家一旦发起飙来，你要真的触碰他的底线，他可不是好惹的。最智慧的女人是想办法去激励这个男人，让他去征服世界，再把他征服就行了。所以叫男人征服世界，女人征服男人，顺便拿下世界。智慧的女人只要征服一个人就够了，而不要拿下世界。女人要把自己打扮得漂漂亮亮的，负责美貌如花，顺便给予男人动力，提升他的自我价值，然后让男人充满动力去挣钱养家。

我记得我儿子去年有一次出差，刚好赶上吃午餐的时候到了。到了机场，结果在机场吃了碗面，机场的面大家都知道那可不便宜。足足花了几十元。吃完后，他就发了条微信向我吐槽："这碗面这么贵，好黑呀。"我回了条微信："凭你现在的能力和身价后面加个零也没事，咱吃得起。"我儿子后来和我说起这件事，他说老妈，当我收到这条微信的时候，一股力量从心底就升起来了。虽然我知道现在我还没成功，也没有多少钱，但我下定决心，要努力拼搏不会为一碗面而计较，不是面贵，而是自己不值。

我也不止一次地说过，如果结婚后男人没有变得成功，一般是女人没有给予那个男人拿下世界的动力。如果一个女人没有变得更漂亮，是因为男人没有给予女人动力去绽放自己。同样的道理，父母们应该想办法给予孩子动力让他精神强大，自我价值提升，让他带着动力去拼命。孩子终将带着他的力量拿下属于他的世界。可惜今天很多父母想尽办法，把孩子的动力给打击了，把他的精神给摧毁了，然后自己拼命为孩子准备一切，还觉得孩子不努力，自己命苦。

第四个"一"叫笑一笑

不过，我们在用前面那些的时候，有一个"一"要配合一下，就是脸上要笑一笑。如果你脸上冷冷的，就算跷了拇指，鼓了掌，孩子也不会有感觉。有些父母呢，学了点东西反而学成了四不像。我曾经在动力营中遇到一个孩子，听说她妈妈上了好多课，但没上过吴老师的课。她听说我们的动力营很神奇，能帮助孩子，就把孩子送到我们动力营来了。我就问孩子，听说你妈妈上过很多课，现在是不是进步一点啊？那个孩子嗤之以鼻地讲了一句话："哪里呀，我妈妈不上课还好，上了课回来更假了。"我问：怎么会这样了？孩子就跟我说，她从外面听了些课，回来天天跟我说"孩子，你真棒！"我听了之后一点也没有感觉。她有时候朝我竖起大拇指，但那个脸一脸假象难看得要死，肯定是假的。

所以，在跟孩子互动的过程中，感觉是最重要的，脸上带点笑容，就是良好感觉的基础。我们平时在用各种方法的时候，脸上一定要带着真诚的笑。有些妈妈跟我说，老师我听懂你的课啦，你说要鼓励孩子，回家我一定会去鼓励的。我说，你真的是发自内心的鼓励吗？她说那倒没有哦，其实我鼓励都是做样子的。我说做做样子也行，做样子也做得像一点好不好？所以，跷大拇指的时候哪怕心里再不乐意，脸上也要给他一点微笑。

吴子钦老师经常到公立学校讲课，他说：学校首先应该让孩子学会笑。校长就是会笑的长辈。学校如果把孩子的分数提高了，但孩子连笑容都没了，那这样的分数有什么价值呢？如果用幸福换分数，我看这是不值得的。如果一位妈妈整天冷着一张脸，都不会笑，那问题就大了。孩子在学校很开心，一回到家本来想笑，一看到妈妈那张脸硬生生把笑收了回去，多痛苦呀！我发现啊，尤其是女人，那个笑特别重要。因为一个男人稍微严肃一点还算正常，女人在家里笑笑，一家人就风平浪静。

如果女人在家里那张脸一放，家里就硝烟弥漫了。我见到好多男人，一看到女人脸色有问题，马上就会对孩子讲，儿子，今天小心一点，表现不好可能会被揍哦。孩子就开始提心吊胆，学习怎么会有效率？女人那张脸就是家里的风水，脸上带笑，家里的正能量流动，风水就好。一脸死相，家里的正能量就被堵住了，风水就不好了。

如果你现在还做不到时刻保持微笑，那就每天早晨起来对着镜子笑一笑，练练自己笑的能力。

为什么每个去我们动力营的孩子都能能量满满，进步巨大？

因为动力营中每个助教老师都是经过严格训练的。我们助教老师在训练营里对每个孩子都是脸上带笑，大拇指基本上一直跷；头，基本上一直在点。一有机会就鼓掌，而且还有很多其他的，就是营造了一个强大的正能量场，让孩子在其中吸收了巨大的正能量。孩子的内在精神有力量了，当然，外在表现就进步了。当然，我们也发现有些孩子回去后能量下降，那是因为父母的感觉不对。孩子回到低能量的环境中，会被打回原形。

所以，父母坚持用几个"一"不断提升自己的能量。

第五个"一"叫抱一抱

孩子需要身体的接触，如果有机会就抱抱孩子，他的内心会更有力量。在我们动力营中，如果孩子上台分享，或者其他方面表现不错，助教老师都会这样：宝贝你太棒了！然后击掌和拥抱。孩子瞬间就能量爆棚！有的妈妈就想了："我的女儿都那么大了，儿子都那么大了，还好抱吗？"也许刚开始他有点不习惯，但慢慢地他会享受这个过程。我们这有个学员回去后真跟儿子拥抱。儿子快一米八了，刚开始几次孩子都觉得这是形式应付一下，但有一天妈妈没跟他拥抱，他竟然说了句："妈妈，你今天还有件事没做呢。"原来，他是提醒妈妈没有抱他。所以，我们一有机会就要跟孩子抱一抱。

第六个"一"叫亲一亲

如果孩子小的话，亲一亲能增进能量。

第七个"一"叫听一听

如果今天孩子回家跟你说："妈妈，我给你说一下我们班今天发生的一件好玩的事情！"这时候请把你的耳朵竖起来听一听。有时候孩子回到家对妈妈说我要跟你说一件好玩的事，妈妈马上就说："孩子啊，妈妈正在忙你自己去玩吧。"孩子感觉超没劲，觉得不被重视，几次下来孩子都懒得跟你讲话了。

第八个"一"叫电一电

眼睛可以放放电。智慧父母的眼睛都会说话，这不是假的。眼神用好的话都可以让孩子充满力量。很多妈妈还记得吗？当年自己谈恋爱的时候，对象离你几米，你的眼神一电，他就能感受到。现在面对面你都电不到他。两人之间不来电了，这个也是可以有意识地训练的。平时讲话时要看着对方。夫妻两个人要眼含感情，要带着鼓励、肯定的感觉，这就是电——给到对方动力的电，提升对方自我价值的电。

男人要多爱女人一点，女人要多爱男人一点。你们相互充电，你们有电了，就能给孩子电了。有很多妈妈因为夫妻关系不好，没有电的时候就开始对着孩子发泄，对孩子的伤害很大。

我们幸福学院有一个来自河北的成人学员，他头上全是疤。我就问他你的头上怎么这么多疤呀？他说："老师别提了，都是小时候被我妈妈揍的。"我说："你妈妈怎么这么狠心呢？"他说："主要因为我妈妈跟我爸爸关系不好，夫妻两个闹矛盾，然后情绪不好，就把脾气发泄到我身上了。"

所以，夫妻两个来电了，两人感情提升了，孩子也就幸福了。所以我们要经常练练放电，做到电一电。

第九个"一"叫拍一拍

比如我见到孩子经常会拍一拍他的肩膀，有些孩子回到家很兴奋地说：妈妈，老师很喜欢我的。妈妈问：怎么见得呢？他说：老师拍我肩膀了。当一个孩子真正崇拜一个人，被对方拍下肩膀，他都会觉得很有动力。前面给大家讲了九个"一"（跷一跷，点一点，鼓一鼓，笑一笑，抱一抱，亲一亲，听一听，电一电，拍一拍），总而言之，父母自己要提升能量，然后不断用各种外在行为给予孩子力量，提升他的自我价值。至于具体的方法，除了我讲的这些，还有其他各种方法，大家自己可以合理使用。

第六节 重塑孩子自信的四种金句

前面讲了"九个一",这些都是外在的行为。下面开始讲外在的语言,我会指导大家学会用沟通、赞美、鼓励和批评的提升自我价值的四种金句。

一、沟通句式

人与人之间的问题,绝大部分都因为沟通不良。但到底怎么才能进行有效沟通?很多人都没有什么好办法。我在课程现场曾经做过一个测试,我拿一张百元面额的钞票,找一位妈妈问她:"你看我手上拿的是钱,在钱上你看到了什么?"她回答是毛主席头像。她的回答当然是对的,但是我却对着那位妈妈说:"不对,是人民大会堂。"对我刚才那个测试环节请大家思考几个问题:那位妈妈说看到毛主席头像对吗?而我说是人民大会堂对吗?应该说两人讲的都是对的。那为什么两人看到的内容不一样却都是对的呢?因为两人站的角度不一样。那为什么我会对她说不对,她却不会对我说不对呢?

因为我是老师,或者我是父母,或者我是领导……

人们沟通之所以会出问题,是因为:

第一，每个人站在不同的角度，所看到的东西是不一样的。

第二，当一方认为自己是权威、有力量的时候，就会用自己的力量去否定对方。但是当你否定对方时，对方又会跟你对着干，即使对方表面对你顺从，心里也不服气。

当妈妈跟孩子交流，或者老师跟学生交流时，总站在自己的角度，并且用自己权威的身份去要求孩子认同你的观点。沟通基本都是失败的。

那如何来解决问题呢？首先要走出自己的角度。他站在他的角度一定认为自己是对的，你站在你的角度认为自己是对的，这时你不能去否定对方，而要认可对方，在认可对方的前提下说这样一句话："你说得对，在你的角度是那样的，我这样理解你看可以吗？"这样既认可了对方，又可以把对方拉入自己的角度。对方一般会开心地说：那你说说看。这样就可以进入有效的沟通频道了。

有一个济南的老师，是济南市某中学初中部的德育主任。

她说她接了一个全年级最难管理的班，是校长强行摊派给她的。

因为大家都知道这个班难管没人肯接手，而她是德育主任，校长要求她必须带这个班。她说我接了这个班就在办公室里哭了，哭了一节课。她说我的头发本来就不多，如果这样我的头发就更少了。说来也巧，她接手这个班级不久，朋友就介绍她听我的抖音直播课，才听了三天，还听懂了，并且听懂了之后回到学校马上就用。她以前跟孩子沟通，总会这样说："孩子，你这样想不对哦。"她只要说"你这样想不对哦"，那个孩子马上就不服气地跟她争论，最后自己很生气，孩子也没搞定。自从学完这个句式之后，她每次都先让孩子表达一下。然后不管孩子说得对不对，她一定会对孩子说："孩子啊，你说得对。在你的角度是那样的，那老师这样理解你看可以吗？"她说自从用了这句话后，孩子永远都会说："老师那你说说看。"以前孩子是"我就这样"，现在是"你说说看"，他们就进入了正常的沟通轨道。

这个沟通句式你可以用在任何人身上。比如今天你学习了，而老公对你的学习不屑一顾，对你冷嘲热讽地说道："像你这个样子被人家洗脑了，学了有个屁用啊？"他讲这句话时的态度也不好，然后你就很生气地对他说："谁说没用，都怪你不负责任，孩子才没教育好的。"如果这样的话后面估计就要吵架了。但是当你听完老公的话，你不但不生气，反而很真诚地对他说："老公你说得对，在你的角度是那样的。我这样理解你看可以吗？"估计你老公都傻住了，就说："那你说看啊。"然后沟通进入正常轨道。这句话的效果绝对会有效。关键是：回家要用！光明理没用！关键要实修！很多人都会说，老师我学了怎么都没用？学了没用？当然没用啊。所以提醒大家一句话：因为我没用，所以我没用。什么意思？因为我没有使用我的能力，就没有提升，仍然无能。前面的没用是没有使用。

还有几点我要提醒一下：

第一，使用的熟练程度

我最担心的就是你还没有记住就使用了。然后回家用的时候，你说了一半，"你说得对"，突然忘记了，然后对老公说："等等我再看看笔记。"这样就没有效果，要笑死人了。所以，让这句话进入你的潜意识，在你准备使用前，请先练习5遍以上。然后你一有机会就练习。跟别人讲话时，有机会就说，你说得对。

第二，使用时的状态

如果老公对你说完那句话，你用手指指着老公冷冷地、凶巴巴地说："你说得对，在你的角度是那样的，我这样理解你看可以吗？"你可能一个字都没有少讲，完完全全把这个句子都讲出来了。可是那个男人听完之后可能会有这样的反应？"什么意思啊，想打架啊？"你知道原因在哪吗？

是你传递给他的感觉不对，所以讲话的文字只是一部分，感觉更重要。这种感觉也是一种能力，是需要训练的。如果你整天虎着个脸，整天情绪不稳定，你讲话出来的感觉肯定不好，即使一句很好的话都会被你讲得让人不舒适。

中国人有句老话："一句话讲得人笑，一句话讲得人跳。"说明要做好父母，讲话的能力是要好好训练的，所以一定要把这个句式反复练习。那未来你跟孩子交流时也使用这个句式，这样你的孩子才会跟你有更多的话语。跟下属跟领导都可以用这个句式，用得越多沟通越容易。

今天中国很多家庭不幸福，教育孩子不那么容易，其实是因为他们的沟通没效用。他们经常用的是三个字：你错了。如果说"你错了"，就会引起吵架。夫妻两个吵架，老婆说："你胡说，明明不是这样的，明明是那样的……"讲了半天就是想证明"你错了"。那个老公马上说："你才胡说，明明不是这样的……"讲了半天也是要证明"你错了"。

那个老婆又说:"你简直不可理喻,你简直不讲道理。"她又讲了一大段,还是为了证明你错了。

其实,在吵架的时候,我们基本上是记不住讲了什么内容,我们记住的就是一个,感觉他老说我错了,我要证明你才错了。所以请大家有一个概念,如果经常说你错了,就是在找吵架。

如果今天能够回家不再说你错了,而是改说你说得对,下面就没法吵架了。你都认为他是对的,他还吵什么架呢?所以,以后要说你说得对,讲完这句话你把他引过来进入你的角度。想要引出来先要融进去,融进去才能诱出来。我们最后才能搞定关系。这个沟通法则要学习使用进入潜意识,最后能自动化用出来。如果这样我敢保证,你的幸福指数会提高很多。所以,学习的人和不学习的人一定是不一样的,要学到真本事。当然,还是要强调一下明理后,我们还要去实修,这样才能获得生命的成长。

二、赞美句式

我们再来看赞美句式,很多老师在课上都会传递一种信息给大家,孩子要多赞美,少批评。相信很多人听完课后内心对这个信息是认同的。于是很多人学完这些课程回到家之后就赞美,但很可惜的是他们的赞美往往使用不当,无法给予孩子力量。因为很多家长最会的一句就是"孩子,你真棒!"前面我们已经分析过孩子会认为你这样的赞美是骗人的,假的,一点诚意都没有,所以赞美也是要有方法的。

我会用公式的形式给到大家，以便于大家在学习初期可以照方抓药，依葫芦画瓢。当我们用"你真棒"来赞美一个人的时候，往往会让人觉得很空洞。如果被赞美的对象是比较小的孩子，或者被赞美者与赞美者两人基于一个共同的事实达成共同的认识，这时可能会有点效果。如果一个孩子不相信周围的人，对你讲的话他的第一反应是"你是不是在说反话讽刺我？"所以，如果今天去赞美一个人不要直接表达结果，比如"你真好""你很棒"等。

我们的赞美一定要基于某种事实，这种事实是我能看见的，被赞美者也是能看见，并且能够接受的。比如你今天自己把书包收拾干净了，今天你用三十分钟做完了作业，今天你对奶奶很有礼貌，这些都叫事实。把某个事实找出来后，我们要能把这个事实的正面意义挖掘出来，比如你今天自己把书包收拾干净了这个事实。如果你不会挖掘正面意义，就会觉得这是孩子应该做的。但是我们好好思考一下，完全可以把这件事上升到有责任心、做事细心、自我管理能力强这些正面意义上来。如果这个事实是孩子认可的，你把事实的正面意义挖掘出来，孩子也会认可。这时再表达出你对于此事件的一些良性情感，被赞美的孩子就会有感觉了。

综上所述，赞美的公式是赞美描述事实，挖掘事实的正面意义，情感表达。

再举例说明一下，如果今天孩子帮助了别人，你对着孩子说"你真棒"的时候，孩子没有感觉。完整的赞美应该是这样的：听说你今天帮助别人了（描述事实），帮助别人的人都是品格高尚的（挖掘正面意义），妈妈为你自豪（情感表达）。当你在描述事实的时候，孩子是

113

知道的，也是认可与接受的。

　　你把这个事实挖掘出正面意义，孩子也不会拒绝了。前面的基础你再表达一下感情，孩子的情感也会被你带动，这样的赞美他是能接受的，并且会享受这种感觉。即使刚开始孩子听完这样的赞美没有反应，但他的内心是会因为慢慢触动而改变的。如果掌握了这样的方法你会发现赞美真的不难。

　　我们再来看个例子，今天孩子在学校里扫地扫得很干净，赞美的程序是这样的。第一步描述事实。你今天扫地扫得很干净。第二步挖掘意义，能把地扫得这么干净说明你做事情很细心。第三步表达情感，妈为你感到高兴。如果你能够挖掘出更多事实的正面意义的话，那赞美的可能性就更多了。比如第二步可以说成说明你做事情很负责任，说明你很讲卫生，说明你关心集体，说明你能力很强……

　　有时候我们家长骂孩子的时候找词语很容易，但让他赞美孩子时找些正面词语好像就有点难。假如你脑子里装了很多正面的词语，在这个时候套上去你就会发现赞美太容易了。在这个赞美的过程中三个步骤哪个最难呢？事实每天甚至每时每刻都在发生，所以找到一个事实并且描述出来并不难，如果孩子表现真的很好我们顺便表达一下自己积极的情感，我相信这个也不算太难，所以这个过程中真正最难的是中间那个过程，即挖掘事实的正面意义。任何一件事实的发生都有其正面的意义也有其负面的意义。关键是大部分家长眼睛平时总喜欢盯着负面的不放，而忘记了还有正面意义的存在。比如孩子扫地扫得干净，如果不会挖掘正面意义我们就会觉得扫地扫得干净也没什么了不起。孩子今天三十分钟做完了作业，如果不会挖掘正面意义你会觉得这是孩子应该做到的或者认为跟你的要求还差了一点，但如果会挖掘的话就会发现这个事实说明了孩子任务感强有责任心等。曾经有家长跟我说：老师我们家那个孩子表现真的太差了，真的没什么值得赞美的。我说不可能的，没有不能赞美的事实，只有不会发现的眼睛和不会挖掘的脑袋。

妈妈就跟我说了："老师，我们家孩子考不及格怎么赞美？"

我说：首先你找事实的能力真的很差，因为你刚好找一个你无法认可的事实。但是，即使这样也是可以赞美的，那这个怎样赞美呢？有人说：孩子你比上次进步了两分。如果这样当然是好呀，是一个赞美的理由，进步两分其实也是个事实。

有人说：孩子，你进步空间很大。这也是一个事实。说出来对孩子算是一种安慰。我们是否可以换个角度呢？孩子今天考了 × 分，这 × 分家长是怎么知道的呢？说明孩子肯定告诉了你，对不对？

所以，可以这样跟孩子说："孩子，妈妈知道你今天考了 × 分，考了 × 分还跟妈妈说，说明你是一个诚实的孩子，妈妈很欣赏你。"我相信只要家长脑袋里多装些正面的词语，能够摆正心态赞美，不会是难事。

也有家长跟我说："我家孩子考倒数第一，你怎么赞美呢？"如果真的考了倒数第一，他更需要的是鼓励。但如果真的要赞美也不是不可以，可以这样对孩子说："孩子，妈妈知道你今天考了倒数第一名，虽然考得不太好，能坚持考完，妈妈觉得你有坚韧的毅力，所以妈妈为你感到骄傲。"要知道有很多孩子因为成绩不行就放弃了，他还在坚持，本来就是一件了不起的事。愿意再来一次，比已经获得多少更重要！今天虽然考了最后一名，但能够坚持到底，说明耐挫力非常强。这个孩子不容易，要知道孩子成绩好，练的是智商，有些孩子成绩不好，练的是情商，练的是逆商。未来一个孩子的情商和逆商可能比孩子的智商更重要。即使最后一名，你都应该去挖掘出他的正面意义，去赞美一下孩子。

那如果今天孩子写一篇文章写得可能不是太好，还有好多错别字，也可以这样赞美孩子："你今天写了一篇作文，有好几个错别字，但是有错别字你还能够坚持独立完成，说明你独立性很强，妈妈为你感到骄傲。"

看来是否学得会赞美绝对不取决于技术，首先取决于心态。如果心态好了，任何事情都是可以找出正面意义的。如果心态不好，即使孩子表现不错，你仍然会看到阴霾，而不是阳光。

我们一直提倡家长要有一种"花苞心态"。所谓"花苞心态"，就是能从不足中看到正面的意义和价值来。大家都知道花是美丽的，但这种美丽的花是由并不美丽的花苞成长过来的。

如果我们看到任何问题、不足、缺点，都能把它当作花苞，坚信它后面会成为绽放的鲜花，那就是花苞心态了。

三、鼓励句式

现在看一下鼓励句式，如果孩子在出征考试比赛训练之前，我们通过语言给到孩子力量，让他能更好地发挥水平，这是一种鼓励。为了让大家能更好地理解鼓励。我们来看这样一种情景。古代皇帝如果派一个将军出去打仗，在正式出征前皇帝会为他壮行，壮行活动一般在大操场上，队伍整齐，战旗飘扬。这个时候肯定要杀猪宰羊，关键是皇帝要讲几句话："将军，你是我们国家的栋梁之材，相信你这次出去一定会打胜仗，朕等着你胜利归来。"

皇帝的这几句话就是最典型的鼓励，这几句包含了三层意思。

第一层意思，对你进行正面肯定的评价，所以说"你是我们国家栋梁之材"。

第二层意思，我相信你这次能行，所以说"朕相信你这次一定会打胜仗"。

第三层意思，表达我对你的期待，所以说"朕等着你胜利归来"。

所以，鼓励有三层意思，用三句话就够了。我们很多家长在孩子"出征"前，不是给予有力量的鼓励，而是给予一种担忧焦虑的感觉。

一个皇帝在将军出征前是不会这么讲的："将军啊，这次出去朕有点担心你呀，你要小心，不要上他们的当呀。"如果这么讲的话就不叫鼓励，而是"长他人志气，灭自己威风"了。

很多时候孩子要考试了，家长开始给孩子敲警钟："孩子你最近不太认真，不知道你能不能考得好，你要仔细点认真点哦。"你看，这个就是典型的"灭自己威风"。所以，家长要学会习惯性地鼓励孩子，这是非常重要的。孩子考试之前，无论他行不行都要给他来点鼓励。

根据上面的分析，鼓励有三个步骤：

第一步是正面评价；

第二步是表达我相信你这次能行；

第三步是表达你的期望，写成公式就是鼓励。

正面评价：我相信你这次能行。表达期望，在这种鼓励的过程中对孩子的正面评价很考验人。平时多对孩子做正面评价，关键时刻才能说得出来，所以平时对孩子的人格、能力，习惯等方面都应该关注。这样在关键时刻才能给到合理的正面评价。

表达期望也是大家要注意的事。有些人可能上过一些其他老师的课程，有的老师可能会告诉你不能对孩子表达期待，期待会对孩子造成压力。

请大家注意一个事实，很多时候动力来自人的压力，只是这个压力不要太重就行了，但也不能没有。如果今天我们中国乒乓球国家队来了，领导对总教练说："比赛你们随便打，拿不上冠军也无所谓。"估计这样讲完，总教练就生气了，"什么意思？看不起我们乒乓球队吗？"如果领导对总教练说："这次你们的任务就是把五块金牌给我全部拿回来。"总教练虽然感觉有点压力，但是他感觉更多的是动力。他会说："领导放心，我一定会完成任务的！"你看，他带着动力就上路了。不过如果你找到中国足球国家队对教练说："这次给我拿冠军回来！"可能教练和很多队员就说了："算了吧，我还是早点退役吧。"因为他们知道拿冠军简直太难了。所以，如果对乒乓球队不提要求，简直是侮辱他的能力；如果对足球队提过高的要求，也是逼着我们的足球队员放弃。

当我们给予孩子鼓励时，适当提期待目标是正常的。如果孩子能

118

考个80分，你说："孩子，我期待你考90分。"这很正常。如果孩子能力只能考60分，你却说："这次希望你考90分。"那就过了，对孩子来说压力太大了。所以，你找到孩子的成长点，提出略微高一点点的期待是可以的。

下面我们来谈谈第二种鼓励的句式。

第二种句式是在什么情况下使用呢？

我们先来分析一下刚才将军出征的情况。皇帝派将军出去后应该会有两种结果：第一种结果是打了胜仗回来，如果打了胜仗回来，那皇帝当然会奖赏将军。其实，这就是赞美。第二种结果是将军出去后没能打败敌人，而是打了败仗回来，这时就会出现这样的情况：那个将军回来跪在皇上面前说："臣罪该万死。"

皇帝可能有两种做法。第一种是将军讲完之后，皇帝震怒，准备将将军处死。在其他大臣的劝解下，皇帝最后的决定是"死罪可免，活罪难逃"，结果将军被拉下去大打军棍，然后贬官一级。那大家想象一下这时候将军心里会怎么想呢？"罢了罢了，我为了国家这么辛苦这么拼命，这个昏君竟然这么对待我，算了，我从此以后弃甲归田，再也不问国事了。"这样将军就再也没有动力了。

第二种是将军回来跪在皇上面前说"臣罪该万死"之后，皇帝为收买人心，走过去一把将这个将军扶起来说这么一段话："将军，朕知道你打了败仗，但是朕知道你已经尽力了。朕相信将军你的实力还在，所以我希望你好好休整一下，等你恢复元气，我再派兵给你去把贼寇拿下。"如果讲完这段话，你猜将军心里会怎么想？他的想法可能是皇上,只要你给我兵,今天晚上我就出去拼了命也要把贼寇拿下。大家有没有发现,这句话一讲完,这个将军就有了再来一次的勇气,那我们教育的目的不正是要让孩子能够有勇气再来一次吗?皇帝这样的做法其实就是第二种鼓励。第二种鼓励是在孩子出征失败后,我们用语言让孩子找到再来一次的勇气的做法。

从上面的分析中我们看出这种鼓励包含以下几层意思:

第一,陈述结果。皇帝说:"将军,我知道你打了败仗",这是陈述结果。

第二,对过程评论。皇帝说"但是我知道你已经尽力了",这是对过程进行评论。一旦有了这句话,将军就会有种被理解的感觉,觉得皇帝这么理解我就是死也值了。

第三,继续信任。皇帝说"我相信将军你的实力还在",这层意思更重要,如果我相信你还有实力,那被鼓励的人才会拿出力量重新证明自己,动力就回来了。

第四,表达期望。皇帝说"我希望你休整一下,恢复元气,再次出征",获取胜利这就是期望。

所以,第二种鼓励句式写成这样一个公式:**鼓励 = 陈述结果 + 过程评论 + 继续信任 + 表达期望**。

孩子出征考试后回来,会有成功也会有失败。按理说"胜败乃兵家常事",但家长们往往能接受胜利,而不能接受失败。如果孩子成功回来,能给予孩子赞美的为数不少。如果孩子失败回来,能给到鼓励的着实不多。在孩子失败的时候,家长们指责打击孩子,这跟将军打了败仗回来还被打军棍有什么区别呢？

当孩子失败的时候可能本来心里还有点愧疚，但是当父母对他指责对他批评的时候，孩子心里有一种感觉："好了，你打也打了，骂也骂了，那我们扯平了，我不欠你了。"或者他会想："我这么努力，你看不到。只会看到我考不好。那好吧，反正我是不行了，反正就这样了，我以后也不再努力了。"可见在孩子失败后，对孩子的打击只会让孩子更加失去动力，毕竟那种越挫越勇的孩子包括成人是极少极少的。如果能够在孩子失败的时候，给予鼓励，孩子内心会产生再试一次的勇气。这也正是我们需要的自我价值提升的表现。

经常有些孩子因为学习失败的问题，会被带到我这里。家长们当然希望我给予指导，甚至说他们希望我训导一下孩子。说实话，我在这时只对孩子做一件事，那就是鼓励。当鼓励完了，孩子们就带着满腔动力离开了。我们是帮不了孩子具体事情的，我们能做的就是给予孩子内心的动力。

而第二种鼓励至关重要。我一直认为在孩子失败时，给予鼓励比在孩子成功时给予赞美更重要。当孩子成功时，成功的感觉对孩子本身就是一种奖赏，所以外在的赞美也许不是必需品。而在孩子失败心情失落时，这时候哪怕一点点的安慰都足以让孩子感动。真正聪明的家长应该明白一个道理，在孩子成功时的锦上添花，不如在孩子失意时的雪中送炭有价值。

现在很多企业管理都是有问题的，某个人已经成为这个月的销售冠军，我们还要给他发奖。人家都拿到奖金了，动力已经很足了。实际真正需要鼓励的是单位里最差的员工。人家已经那么差了,你应该鼓励他一下。可是我们现在实行是末位淘汰制,你知道很多人抱怨这个社会:"因为本来我能力就比较差,你不是鼓励我,你反而打击我,所以,算了算了,我彻底丧失信心了。"由此可见,孩子需要的鼓励比赞美更重要。

和学校的老师在一起聊天,发现一个有趣的现象,就是在他们教过的孩子未来成年踏入社会后,回来看他们的往往不是当年优秀的孩子,而是那些当年一般甚至所谓的差生。那些优秀的孩子尽管他们给予赞美,但对他的心灵触动不大。而那些当年一般的甚至较差的孩子,如果他们曾经给予过哪怕一点点鼓励,可能会让孩子很多年都心怀感恩。

四、批评句式

还有最后一个句式是批评。当孩子有问题的时候到底要不要批评?该怎样批评?家长们也很困惑。因为他们听过一些专家的课程,也看过一些书,这些信息都在告诉他们需要鼓励赞美而不能批评。那么问题来了,是不是孩子不需要批评了呢?当然不是,当孩子触犯底线时如果不批评的话,你鼓励越多伤害越大,你赞美越多伤害越大。今天有很多孩子被赞美太多,被鼓励太多,结果这些孩子根本承受不起一点点挫折。那些孩子一旦遇到批评就受不了,就开始消沉,甚至轻生。批评一次就有人会轻生,失败一次就有人会轻生,一个手机不给他就有人会轻生,那么各位家长一定要注意,这是我们的教育出问题了。

我经常遇到一些家长对我说,怕批评了孩子,他会不开心,也怕他会想不开。一个孩子真有这么脆弱吗?你想想看,当年他好不容易来到这个世界上,是打败了几千万个竞争对手才来到的。那个精子是最强大的,他是跑在最前面的,他是参加马拉松比赛获得成功了的。他来到这个世界是想证明自己是可以的,可是为什么过了几年,他竟然要放弃这个生命呢?是因为我们一直没有给他合理的教育。除了没有给予鼓励跟赞美之外,很多时候却是因为没有给到合理的批评而导致的。所以批评也是需要的。

有人问我:"老师,人家说没有教不好的孩子,只有不会教的老师,你觉得对还是不对?"我会告诉他,我认为还是对的,不过我要加几个前提条件。因为这句话的原版套用的模式应该是阿基米德当年讲过的"给我一个杠杆和一个支点,我就可以撬起地球"。所以,这句话应该这样讲,没有撬不起的地球,只有不会撬的人。但前提是我有两个要求,首先要有一个支点,还要有一根足够长的杠杆。所以,没有教不好的孩子,只有不会教的老师,但你必须给我一个支点和一根杠杆。这个支点就是家长是否配合,这根杠杆就是学校是否给力。如果家长配合,学校给力,任何一个孩子,我们都能教好。我们教好过太多这样的孩子了。今天有很多孩子之所以没教好,就是因为学校、家庭、社会不能够合起来。我们家长觉得教育孩子是学校的责任,学校教育了半天之后发现问题来自家庭。家长不负责任,学校也没办法。到最后你推我我推你,孩子就成了牺牲品。

家长不会鼓励和赞美固然是个问题,但不会批评也是问题,正因为我们家长的害怕，以及不作为，很多孩子才会越来越无法无天。

释迦牟尼说："我不入地狱，谁入地狱？"我当初也不明白这句话的含义，后来看典故才明白。我们平时看到的佛祖都是很慈悲的脸。其实，佛祖还有一张脸相是很恐怖的，那叫金刚相。他为什么不以慈悲示现而要用那凶恶的金刚脸呢？佛祖讲了，当他去度众生的时候是用慈悲的脸相去度他们。可是有的时候会遇到一些小鬼，那些小鬼根本就不吃这一套，越是慈悲小鬼们越是得寸进尺，所以面对这样的小鬼，佛祖必须拿出金刚相来镇住他们，才能够更好地度他们。

当你的孩子蛮横无理不遵守规则、触犯底线的时候，那个时候他就是一个小鬼，你还拿你的慈悲相来教育孩子就会发现效果不行了。无数家长跟我讲：老师，我家孩子不听话了，给他讲了好几遍也不听啊，我怎么办呢？这个时候你该拿出金刚相来。

你不拿出这个金刚相，不把孩子内在那个无法无天的小鬼拿下，他就会转给你无尽的烦恼。而且总有一天，社会上会有人帮你收拾他。近几年来熊孩子把父母给坑了的可不少见，如果我们还觉得孩子是不能批评的，那无法教育的熊孩子只会越来越多。有的家长说那既然可以批评我就不客气了。这又是我比较担心的问题。

因为在中国这样一个大国，如果教育系统一旦说孩子可以批评惩罚，但是又没人指导的话，那估计每天都有孩子被父母、被老师给打死了。所以，更重要的是如何把握批评的度。

佛祖还曾这样说过，当我拿出金刚相来收服这帮小鬼的时候，请注意我的内心还是慈悲平和的，是没有情绪的。也就是当我们批评孩子，当我们骂孩子的时候，请注意：你怎么批评他、怎么骂他，你都不能够动怒，你都不能够有负面情绪。一旦有负面情绪你就会失控，你就会变成魔鬼。最可怕的是小鬼没收住，你自己先变成魔鬼。我们很多家长在骂孩子的时候，本来也就是一件小事情，可是越骂越生气、越骂越上火，骂到后来脸红脖子粗，整个血液翻涌了，到最后都不知道为什么去骂孩子了。因为你的能力还不够，情绪不受你的掌控。所以，时刻要提醒自己保持内心的平和。

前面我们讲到过"七把刀"的教育，在骂孩子的时候，内心要非常平和，这是在一种更高的境界来使用这些工具，更好地去度这些孩子。一个只会批评孩子的家长不是好家长，但是一个不会批评孩子的家长也不是个好家长。

所以，学会正确地批评孩子，这是很重要的一种本事。

教育真没那么复杂，就三个境界。

第一个境界叫看山是山。

当年我遇到孩子有什么问题就解决什么问题，该骂骂该打打很正常，可是有些家长学习了一些课程，听了一些课程，看了一些书突然发现孩子好像骂不得，孩子好像要表扬要鼓励，然后整个就乱了。太多自以为是的家长在标榜自己教育的正确性，殊不知差之毫厘失之千里。

第二个境界叫看山不是山。

如果你能再往上走发现山还是那座山，该批评还得批评，不过是明理后的凌驾于简单粗暴的方式之上的批评，这就是第三个境界，看山还是山。

我估计现在很多家长都活在第二境界,甚至很多老师都没悟明白,这是教育最可怕也是最可悲的事。

既然明白了批评是可以的,那就应该考虑批评的方式了,批评要有技术更要有艺术。如果真的带着慈悲的心去面对你的孩子,让孩子感受到你的爱,怎么批评他都不会出问题的。关键怕的是你带着那种抱怨的心去批评,那就很容易出问题。

有的家长说"我是恨铁不成钢"。我不明白你恨了铁就会成钢吗?铁要成钢是需要锤炼而不是靠恨出来的,如果要批评孩子切忌不分青红皂白,眉毛胡子一把抓。有些家长动不动就说:"你是个坏孩子,你没救了。我看你这样是没什么名堂了,你将来考不上大学了,就是扫大街的料,去死吧。"这种类型都不叫批评,叫诅咒。

批评首先必须就事论事,像打靶一样先要找到靶子,也就是摆出要批评的事实。比如孩子上课不认真听课,孩子对爷爷没礼貌等。如果今天是上课没听课,那就针对这个事实批评就可以了,不要扯到其他事情上去。太多的家长就喜欢一件接一件事情,扯出一串事。孩子们很不服气,明明是今天数学作业没做,却连他前天忘穿校服的事也牵扯进来,孩子瞬间觉得你这种批评是莫须有的罪名,心里就不服气了。

在摆出事实后,我们必须确认这个事实确实是应该批评的,这点太重要了。很多孩子在被批评的时候,会反问:"凭什么呀,凭什么呀?"有些父母批评孩子的时候,会告诉孩子:"凭什么呀?凭我是你爸妈。"如果这样的话,你还真没资格去批评他了。你得把确实要批评的理由告诉他,这样才显得"有法可依"。比如孩子上课不听课乱说话了,你就可以告诉孩子："凭《小学生日常行为守则》的规定，学生上课不能乱讲话，所以我批评你。"也就是说批评是有依据的，而不是凭我个人好恶，这样的批评就有说服力了。

虽然有理有据，但批评显然不是目的，批评的目的是让孩子变得更优秀，也就是找回动力提升自我价值。所以，即使批评孩子也要保全孩子的自我价值，这一步是至关重要的。比如，我们在批评孩子的时候仍然承认你是个好孩子，你是我很欣赏的人，你是我最看重的人等。这就是在保全孩子的自我价值。

最后一点，即使批评你，我仍然期待你下次可以变得优秀。既表达了对孩子的信任，也让孩子有努力的方向。

根据以上分析批评，可以用下面的公式来表示。

批评陈述事实，确认可罚性，保全孩子的自我价值期望，这好像看起来很长，但最核心的是在批评孩子的时候，一定要保全孩子的自我价值。

前面也已经分析过了，最可怕的就是在批评的过程中，情绪失控，冲动起来。到时候什么难听的话都讲出来，那就变成诅咒而不是批评了。真正的批评是在让孩子意识到问题的同时，还让孩子看到希望，让他自信心更强，自我价值提高。

如果父母或老师批评完孩子后，他反而更加有动力，这是有本事的父母或老师。

我们看一个示例，上课不认真听讲的孩子是要被批评的，不过我一直相信"你是个优秀的孩子，希望你吸取教训，努力变得更优秀"。

我记得在动力营里有些孩子被吴子钦老师批评后，流着眼泪发誓要努力，被批评了反而感觉到浑身充满力量。吴子钦老师语气非常严厉地对他讲："你知不知道，你在老师心目中是最重要、最聪明的孩子？没想到今天你竟然做了这件事，你不给我交代清楚我不会放过你的！因为你是我心目中最重要的孩子，如果从今往后再不改正看我怎么收拾你！"

吴子钦老师这么严厉地修理和批评，那个孩子听完之后决心回去要努力改正，不然对不起老师。因为在老师心目中他是最棒的那个孩子。即使批评他，也让他感觉到他是厉害的，保护他的自我价值。这个环节至关重要。既要让孩子认识到问题，又要让孩子知道自己的优秀。既要让他知道改正的方向，也要有改正的动力，这样就是成功的批评，到这里我把"九个一"和四种金句都讲完了，如果家长们真能放下"七把刀"，多用"九个一"（"跷一跷""点一点""鼓一鼓""笑一笑""抱一抱""亲一亲""听一听""电一电""拍一拍"）和四种金句（"沟通""赞美""鼓励""批评"）相伴，教育的效果一定会不一样的。

第七节 孩子的成就感到底来自哪里

给予孩子内在动力除了前面讲的外在言行的使用外，内在成就感的给予和观念的调整也很重要。一个人在做某件事能够取得成功和胜利的时候，他的内在就会产生一种良好的感觉，这就是成就感，当一个人在某件事情上获得了成就感，就会更有动力把事情做得更好。

孩子的成就感到底来自哪里呢？如果太容易得到就没有成就感，太难得到也没有成就感，成就感来自他努力一下就可以得到结果。

前苏联有个著名的心理学家叫维果茨基，他提出"最近发展区"的概念，意思是如果能找到比孩子现有水平高一点的区域，孩子是最容易获得成功的。

我举一个例子你就更能理解了：大路边上长了一棵桃树，这个桃树上长了几个桃子。如果一个孩子走过去不用任何的努力，不用跳就可以直接把桃子摘掉，他会感觉到这个桃子不好吃，因为太容易得到了。如果有一个桃子长得很高很高，那个孩子第一次跳没够到，第二次跳没够到，跳了很多次都没够到，他也会放弃的，还可能说这个桃子是酸的，这叫酸葡萄心理。

那什么位置的桃子让他最有感觉呢？应该是比手举起来高一点，但跳起来有希望能摘到的。也许他第一次跳起来没碰到，不过只差那么一点点，他感觉到有希望会摘到就会跳第二次。

第二次手指可能碰到了，还是没摘到。他第三次抓住了一半没有拉得下来，第四次一把抓住把它拉下来。经过几次努力达到的成功，孩子的成就感就强了。

这个时候他甚至会把桃子放在口袋里舍不得吃，把这个桃子带回家炫耀一下。回到家以后，第一件事就是对妈妈说："妈妈，我告诉你,今天我摘到了一个桃子,你知道吗?那个桃子长得好高的!"他会渲染那个难度,证明他的优秀。这个时候妈妈会不会讲话就很重要了。如果妈妈这样说:"儿子,这有什么了不起,我知道那个桃子,昨天我看过了,没那么高。妈妈如果摘的话不用跳就摘到了,没什么了不起。"你这么一讲话,孩子本来满腔的热情就被你一盆凉水浇灭了。这个时候如果妈妈显得很兴奋的样子看着儿子说:"儿子,那个桃子被你给摘回来了?那个桃子妈也摘不到呀!"这时候孩子就会非常自豪地说:"那当然了,妈我是什么人啊!"你越这么讲他越有感觉,因为感觉好,今天他做作业可能会更自觉速度更快。会讲话的妈跟不会讲话的妈完全不一样。

这个时候妈妈要适当地贬低自己,一定把孩子抬起来。当然,如果妈妈再进一步会说出下面这样的话,我就觉得你更厉害了。这个时候你一定要编一句话出来,如果孩子的对手是小刚,你要这么说:"儿子,妈妈猜想小刚肯定也够不到。"通过这句话向孩子表明在你心目中他比小刚更厉害。你讲完这句话,孩子绝对动力爆棚,自我价值提升!给孩子一点点挑战,让他找到成就感是很重要的教育原理。

可惜有些妈妈不懂这个道理,经常动不动就说:"孩子,把这张试卷做了吧。"你的这张试卷可能内容太简单,孩子做了毫无成就感。还有的题太难,孩子根本就无法做出来,毫无成就感。

真正让孩子产生成就感的,可能就是中间那一部分的题目。如果懂了这个道理之后,你就要为孩子选择,选择让孩子越做越起劲的卷子。

也有些家长动不动就找老师给孩子补课。不过补课的思维有问题，看看家长们怎么说："我家孩子初二，现在成绩掉下来，赶紧给补补。"这都是不懂教育的妈妈自认为得出的结论。如果孩子初二出了问题，绝大多数都是初一的知识出漏洞了，这时恰恰要补初一的知识才行。因为初一可能是初二学习失败的真正原因。而且在初一那个点上他是有机会学得会的，他会找到成就感的。初二的知识本来就不会，你还逼着他去补，越补越没感觉，越补越没有成就感。补到后来就会觉得自己是个笨蛋，这门学科只会更差。一些文化课培训机构有一个说法："提优提优，越提越优。补差，补差，越补越差。"原因在哪里？提优的孩子容易找到成就感，而补差的孩子本来就差，再补他不能胜任的内容，他更加找不到成就感，只会走向失败。所以，我们首先要补的不是课，要先补孩子的心。把心补好了，补课就容易了。再说直接一点，就是先把动力激发出来，再去训练他的能力就容易了。

如果这个孩子今天写了 100 个字，可能有的字写得不怎么样，可是有两个字写得还不错，请问你的眼光要盯在哪里？你如果看着那个写得不怎么样的字，对孩子而言，他感受到的是挫败感。今天孩子考了 89 分，我们很多家长就喜欢看扣掉的分数而不是看那得到的分数。从今天开始要调整观念，想尽办法让孩子找到成就感，最后让孩子找到动力，让孩子内在的自我价值往上提升。

一个人外在表现出来的行为都是取决于内在具有的观念。

如果一个人觉得自己是个笨蛋，他在做事情的时候遇到困难就会逃避，因为他不相信自己可以做好。如果他坚信自己是个聪明人，他就会努力证明自己的聪明。从外在看到的一个人认真不认真这都是现象，这种现象的背后决定力量是这个人内在的观念。如果一个人坚持认为学习是没有用的，他就不会努力去学习，这时给他最好的学习方法、请最好的老师给他补课也是于事无补的。

这个孩子不认真学习的外在行为，其实是内在观念决定的。

影响孩子学习的观念有两种：一种是对自我的观念，比如我很聪明，但我记忆力不好。另一种是对学习的观念，比如学习好，也找不到好工作。

既然我们看到的外在的行为都是受内在观念的影响，如果想要改变外在行为，就应该从内在观念着手才行。

第八节 孩子的负面观念是怎么形成的

人的观念有两种：一种叫正面观念，另一种叫负面观念。

如果一个人认为自己记忆力很好，自己天生就是学数学的料，自己可以考第一名，自己是一个聪明的人，这都叫正面观念。

如果一个人认为"我记忆力很差""我不是学数学的料""我不

是学英语的料""我永远都考不过小刚""我不是一个聪明的孩子""我是一个笨蛋"等,这都叫负面观念。

一个人的自我价值其实就是他内在正面和负面观念的总和。如果一个孩子内在的负面观念多,他的自我价值一定低。

如果他内在的正面观念多,他的自我价值就高。

如果我们能够处理好孩子内在的负面观念,把其转变为正面观念,那孩子的自我价值也就变了,外在行为也就会随之改变。我们真正要破除或转变的是负面的观念。

下面就来分析一下,一个孩子的负面观念是怎么形成的。

一个人每天都会遇到各种各样的事件,孩子小的时候,学说话、学走路,年纪大一点会参加各种考试,再大一点找工作、谈恋爱等对他来说,都叫事件。

事件本身没有好坏、对错、难易之分,是一个客观的事件。我们可能觉得非常简单,可是对一个几个月大的孩子来说是非常非常难的。当孩子遇到一个事件的时候,他的反应是什么呢?

如果家长们沉下心来思考一下,一定会发现当孩子小的时候遇到一个事件,他是积极去面对、马上去行动的。

我每年都做大量的家长咨询,那些家长把孩子带到我的办公室里,不同年龄段孩子的表现很有趣儿。

有一次,一位妈妈带着上初中的儿子来到我的办公室咨询,孩子低着头也不讲话,你问一句,他答一句。这位妈妈还有二胎宝宝,为了老大的问题把小宝顺便也带来了,有五六岁,正是好玩的年纪。孩子会这抓一下，那摸一下，并不断地问我："这是什么呀？""那个怎么那么好玩？""妈妈你能不能陪我玩一会？""我可不可以动一下这个呢？"这时候的孩子对世界充满了好奇，什么都想去尝试一下，我深深地感悟：一个孩子来到这个世界是来探索世界的，他是带着天生的动力来的。如果有一天他没有动力了，一定是我们的教育出了问题，而不是孩子出了问题。

当孩子小的时候，他遇到事件，是去面对，去行动的。既然对事件采取了行动，那就必然会产生一种结果，也许今天讲话不太清晰，可能发音错了，可能走路摔跤了，可能考试有两道题没做出来，可能今天上学迟到了，这些都叫结果。在结果产生之后很重要的情况出现了，作为教育他的老师或者家长，我们会对结果进行评价。在评价的时候，我们会不自觉带入自己的主观感觉，也就是会以自己内心的好恶为标准进行评价，这时候的评价就不客观了。

当孩子小的时候，即使他做错了我们也说他是对的。我记得前面说过我儿子小时候刚刚会说话时，他叫"哥哥"，叫不清楚而叫成"兜兜"。但在那时候我们不但不批评他，还会说"孩子，你真厉害"。如果孩子不小心摔倒了，很多家长也不会批评孩子，甚至会说这是地不平造成的。

总之，孩子小的时候，我们的评价是无论你怎样都是对的。可是随着时间的推移，家长们的要求变了，感觉变了，从不可思议到不尽如人意了。即使孩子做得还不错，我们也说他不行。尤其是当孩子进入小学以后，很多家长就会用"七把刀"来教育他的孩子。用"七把刀"

教育孩子的结果就是家长们会不断告诉孩子"今天你又失败了""今天你又错了""今天你又不够优秀"。当孩子接收到这么多负面的信息，他终于也意识到自己失败了。

"今天我考试的分数肯定是失败了，哪怕考高分，妈妈都叫我不要骄傲。哪怕我考分得第一名的时候，妈妈还说天外有天人外有人"，充斥在孩子生命中的都是失败。当一个孩子感觉到生命中充斥着失败的时候，他的内心是痛苦的。为了解决他的痛苦，他会做一件事就是去找原因。他开始总结，开始找失败的理由，找来找去他终于总结出一个理由，原来"我比较笨""我记忆力不好""我比较懒""我不是学习的料"。想法一旦出现之后，他马上就释怀了："我终于明白了，原来我比别人笨，所以我考不好是正常的，这是应该的，你不要怪我，老师你们以后也不要怪我。"其实他找到了一个为自己开脱的理由，像"我比别人笨""原来我不行"这样的想法就叫观念。

可见观念是人们对多次类似经历总结的结果，一旦他有了这样的观念，这些观念马上就开始控制他。在没有这些负面观念之前，他是去面对去行动，现在有了自己比较笨、自己不行的观念了，他就开始自我堕落，否定自己，为自己开脱。

有一次，在动力营课程现场，吴子钦老师做了一个测试。

首先让孩子自己分成两组，分组标准很简单：如果认为自己蛮聪明的，觉得自己很厉害的，站到右手边去；如果认为自己不够聪明、不够优秀，还有各种问题的站到左手边去。孩子们刷刷地就站成两排，但是令我感觉遗憾的是，感觉自己聪明的孩子是比较少的，大部分孩子都感觉自己不够聪明，所以左边人数明显多于右边，这时候开始问他们问题："同学们，现在请问大家一个问题，你们平时在遇到难题的时候，你们会审题几遍？"我先让左手边也就是自认为不太聪明的人回答，他们几乎异口同声地告诉我"一遍"。有一个孩子特有意思他说了一句："老师，我一看就知道不会做了。"我也跟他说了一句话："孩子你不是一看就知道不会做，你是没看就知道不会做了。"大家能理解这句话的意思吗？因为还没有看之前，他心里已经暗暗地告诉自己：我那么笨的人，那么难的题目我肯定做不出来的，可是如果不看题目也不行，老师会说我不负责任，老师会说我不努力，妈妈会说我不认真，所以题目还是要看一下的。他把题目简单一看，根本就没有心思真的去审题，看了一两句话马上告诉自己题目太难了，根本不是我的菜啊，于是就放弃了。这哪是一看就知道不会做呀！是没看就知道不会做了。

　　我问完左边同学，又把同样的问题问右边的同学。右边的孩子也是几乎异口同声地跟我说："老师，起码三遍。"这些同学虽然自认为聪明，但他们第一遍可能也没有做出来，因为他们相信自己是个聪明人，所以会看第二遍。第二遍可能还没做出来，因为他们觉得自己是个聪明人，所以还会挑战第三遍，他们有再来一次的动力和勇气。而我们反观那些认为自己笨的孩子，当他们第一遍没能看懂的时候，他们的想法是"这题太难了，我这么笨的人是做不出来的"，他们就放弃了。可见所谓聪明孩子与愚笨孩子的区别，就在于是否愿意再来一次，但又是什么在决定他们是否愿意再来一次呢？是他们内在的观念。如果这个孩子的观念是正面的，觉得自己是个聪明的孩子，他就愿意再来一次。如果一个孩子的观念是负面的，觉得自己是个笨蛋，他就不会再来一次。

可见真正决定孩子差别的是他们内在的观念，因为内在观念控制了人的行为，行为又将导致新的结果产生。如果是逃避退缩的行为，结果将是失败。

如果孩子因为逃避退缩而导致失败，他就会想"看来我果然是个笨孩子"。这时人会进入一个循环圈，认为自己聪明的孩子进入的是良性循环圈，而认为自己笨的孩子进入一个恶性循环圈，甚至可以说是掉入了一个陷阱。其实，大家可以看出人不是真的因为聪明与笨而产生差距，而是因为相信自己聪明或愚笨而产生的差距。

我们在动力营中一直给孩子一个概念：人会活出自己相信的样子。我相信我是什么人，我就会成为什么人。这就是人的观念，观念决定人成为什么人。如果不小心让孩子产生我是"笨蛋"这样的负面观念，简直是一个灾难。一旦孩子的观念是负面的，掉进了陷阱出不来，即便家长们在外面跟孩子说："孩子，你要加油，你要努力。"孩子听完之后，也只会内心嘿嘿一笑！加油有个屁用啊！我都那么笨了，就算加油也是个差生。可见这时候不要对孩子讲道理了，也不要给孩子讲方法，改变孩子的内在观念，才是改变孩子行为的途径；改变孩子的内在观念，才有可能把孩子拉出这个陷阱。我们知道要破掉他这些负面的观念，孩子才能改变，但改变一个人的观念，真不是那么容易的。我们每次在动力营中，都会花很长时间来做这件事，一旦孩子把负面观念破除了，他回到家以后出现脱胎换骨的变化也就不稀奇了。

打破负面观念的重要性，负面观念是绑住自己内心的链条，打破内心链条是动力营中最激动人心的环节之一。正因为这个环节，很多孩子重新活回了自己，找到了力量。

我们首先给孩子们讲这样一个故事：在泰国有一个马戏团，马戏团有一头大象，大象的力气非常大，用鼻子可以轻松卷起一棵大树，大象平时就被拴在帐篷外面，拴住大象的竟然是一根细细的小链条。这根小链条就绑在一个扎在地上的小木桩上，但是大象从来都不逃走。饲养员讲了大象不逃走的奥秘：当这头大象还是一头小象的时候，它每天都想逃走，可是那个时候它的力气不够，虽然努力却逃不走，而且每一次我们发现它要逃走时就会拿鞭子在它身上抽一鞭子，所以小象形成了一个观念，那就是逃是逃不掉的，不但逃不掉还会被抽一顿鞭子。若干年后，小象长成大象，它的力气越来越大。很可惜的是，小象逃跑的次数越来越少了，即使逃跑也是试探性的，不再全力以赴地去逃跑。因为它很担心再被抽一鞭子，往往试探一下马上就收回来了，所以最后也没有逃掉，竟然放弃了逃跑。

把这个故事讲完我就会跟孩子们讲："亲爱的同学们，请问锁住大象的真的是外面那个链条吗？"显而易见，不是外面的链条，而是一根无形的链条已经不知不觉到了大象的内心深处。每当大象想逃跑的时候，首先想到的是有一根很粗的链条，这根链条让他认为自己逃不掉，所以绑住这个大象的不是外面的链条，而是内心那根无形的链条。其实，我们人类成长的过程，跟这个大象的成长经历非常相似。

在我们小的时候，什么都敢于去尝试，但那个时候，因为我们的能力不够强大，所以我们的学习经常会失败。

当我们失败的时候，家长们一次一次地打击我们，老师们一次一次地否定我们，否定我们的时候，其实就等于给我们绑了一根又一根的链条。当这些链条在我们内心变得越来越重的时候，我们根本就没有力量再挣脱它。所以，今天如果我们希望自己变得更加优秀，那就必须把内心的链条打碎。

在动力营中，我们会带领孩子们一起把链条打碎，为了做到这一点，首先要让孩子们明白哪些是链条，自己内心有哪些链条。

我们会告诉孩子们其实所谓链条，就是在你心里一句又一句负面的话，否定自己的话。也许是老师不经意间讲过的，也许是父母不经意间讲过的，也许是同学不经意间讲过的。比如"我很笨""我不是学习的料""我记忆力很差""我肯定考不过"，像这样的话都叫链条。

为了打碎这些链条，首先需要他们把这些链条找出来写下来，我们会给他们一段时间保持绝对的安静。在老师的语言引导下，让他们去回顾自己的学习经历，回顾自己的成长生涯，最后很多孩子会写出很多很多的链条。

在动力营中，我们有很多方法让孩子找到链条打碎它。但这个家长们不能轻易尝试，因为这相当于给孩子动手术，万一把孩子内心的伤口给撕开了，你又缝不起来不会治疗，那就很危险了。我们之所以能做是因为前面有足够的时间，让老师和孩子之间的关系，达到了一种彼此信任的程度，并且在营造的能量场里，孩子们内心是有安全感的。而且我们有方法抚慰他们的心灵，相当于我们把孩子的伤口撕开之后，有能力给它缝起来，最后才能解决他的问题。

有很多孩子写的链条非常多，有关于学习的，有关于人际交往的，有关于自己习惯的。有些孩子写着写着就哭了，因为他可能想起了某些场景，想起了当年妈妈是怎么教育他的，想起了老师当年是怎么跟他讲的，这些都是痛苦的回忆。

去年暑假我们在威海举办动力营。有一个孩子写链条时，哭得稀里哗啦地，我就走过去看孩子是什么情况。孩子把整整一张纸写得满满的，上面都是链条，我当时安慰他说："孩子，今天晚上这些链条都会被打碎，我们不会再受它们的束缚，所以不用再难过了，勇敢打碎它们就行了。"那天晚上，那个孩子站在舞台上面，对所有同学歇斯底里地喊着："我已经打碎心中的链条了，我将获得新生！"现场很多助教老师都泪流满面。好在这个孩子经过那次动力营后改变非常大，打碎了链条找回了自信。他今年上初一了，成绩进步也非常大。

有一次，我们遇到一个初二的女孩。她写了这样的一根链条："我太倒霉了，像我妈不像我爸！"

我当时就跟她讲，一个人的长相，像爸像妈都有可能，而且对人的影响没那么大，这就不算链条。结果我讲完之后，那个孩子跟我讲了她的故事。原来这个孩子在小学二年级的时候，有一次数学考得不太好。那天回家后，妈妈就辅导她修改数学试卷。妈妈每辅导一道题目都要批评她一下,并且说她"笨呀""不动脑筋呀""这么简单的题目,你都会错呀"类似的话。讲到后来,她的妈妈突然像发现新大陆一样,大腿一拍,讲了一句话:"你太倒霉了,你像我了不像你爸。你爸小时候数学可好了,我小时候数学也不好,你怎么像我了呢?"这个女孩儿竟然相信了这句话,从此小女孩内心就绑了一根链条,我数学不好那是正常的,因为我像我妈不像我爸。

后来她的数学成绩一直就没有好过,在班里基本上是倒数的,上了初中后,班级排名都在倒数五名以内。在初二那年,她上了我们的动力营后,她把自己的链条给打碎了。动力营结营后不久,学校月考,孩子的整体成绩都进步了,关键是她的数学成绩竟然考了全班第二名。成绩出来真正最激动的倒不是孩子,而是她的妈妈,立马打电话给我,还问我:"老师,你到底做了什么呀?孩子以前对数学一点都不感兴趣,现在竟然每天晚上回来都会花时间在数学上,这次考试竟然考了第二名!"她的妈妈觉得不可思议,当时我毫不客气地跟她讲了一句话:"这位妈妈我想告诉你,你的女儿一直在为你的愚蠢买单。"

爸爸妈妈愚蠢地给孩子宣布了一个又一个的结论,其实就是一条又一条的链条,死死地把孩子给绑住了。当孩子有一天被你绑住的时候,他没法前进的时候,你不懂得从内在给他松绑,反而逼着他前进,逼着他学习,他怎么能做得到我们最需要他做的事情呢?不要再给他绑链条。如果你已经绑上了链条,一定要帮他打碎掉。每年寒暑假国庆期间,我们都会开动力营课程,而且每年都爆满,因为那些家长真的明白了,帮孩子把内心的链条打碎,真的太重要了。

在某期《幸福法则》两天一夜的课程中,有位家长就把孩子带入了我们的课堂。这个孩子上午听课的时候,一脸不屑的样子,腿一直在抖啊抖的,听了一会儿身体慢慢就坐正了。下午上课前我们有一个环节,是让几位家长上来分享一下学习收获,那个孩子竟然也冲上了台,孩子这样讲的:"我从来没想到,竟然有老师讲课讲得这么好玩,讲得这么有道理。本来是被我妈逼过来的,骗过来的,我都烦死了,但是我现在决定要认真听完这两天的课。"

当时我就发现有一位女士坐在前排泪流满面。我觉得很奇怪,孩子说的话也不是太感性,不至于这么感动呀!课后这位女士找到我,我才知道她是那位孩子的妈妈。她说:"老师,我跟你讲讲我儿子的情况。我儿子今年读初三了,很可惜的是他辍学在家了。其实,这个孩子蛮聪明的,可是现在因为跟老师关系不好,没有动力,成绩一塌糊涂。还有一个月就中考了,老师你们能不能帮帮我?"我当时跟她说:"在没有完全了解孩子前,我们也没法给到具体的帮助呀!"她就说:"老师,你看能不能这样,我看儿子挺崇拜吴老师的,吴老师能不能跟我儿子拍一张合影?"我说:"这可以的。"于是吴老师就跟那个孩子拍了一张合影。

结果发现那个孩子好像真跟吴老师蛮有缘分的,一下课他就到吴老师身边跟他聊天。后来他的妈妈就得寸进尺了,又跟我说:"老师,我听说吴老师在全国各地收了很多弟子,能不能请吴老师把我儿子也收了?"我当时心想:"你孩子都辍学在家了,怎么可能收他做少年弟子呢?"于是就婉拒了她的要求。她又说:"老师,我能不能求你一件事,能不能请吴老师给我儿子单独辅导一下?我向你保证我儿子真的蛮聪明的。"我觉得她挺可怜的，就答应请吴老师跟他儿子单独聊聊。

吴老师后来和我说，他在跟孩子聊的过程中，就发现孩子的内心有很多链条，于是就帮他打破这些链条，然后告诉孩子每个人都是有无限潜力的，关键看你愿不愿拼这一把，能不能做到相信自己能行。孩子说："能相信自己。"于是又请郇涛老师给他讲了一下学习方法，结果孩子回家后就跟妈妈说："我想去上学了，想拼最后一个月。"妈妈听完就开心坏了，不过这孩子跟妈妈讲了一句话："我要去上学的话是有一个条件的。"妈妈马上说："什么条件，妈都答应。"妈妈到了这个时候基本都这样，什么条件都答应。孩子说："也不是大条件，你不是帮我跟吴老师拍了合影吗？现在请你把我跟吴老师的合影放大。"妈妈就说："没问题，你想放多大？"孩子说："放到跟真人一样大。"结果他把这一张放大的合影挂在了他的床头上。

接下来，这个孩子每天早晨出门的时候，就对着合影说一句："老师，我走了。"晚上回来对着合影说："老师，我回来了。"就这样他完全把吴老师当作他的信仰，每天努力学习。

十天以后，他的妈妈又做了一个重要的决定，她找到我，跟我说了孩子上次回家后的变化，并且再次请求吴老师收这个孩子为少年弟子。吴老师看她这么虔诚而且是想帮孩子在最后关头找到动力，就答应先收下孩子做少年弟子。

回到家以后她就跟孩子说："孩子，告诉你一个好消息，吴老师已经同意收你做少年弟子了。"妈妈后来跟我反馈，当时孩子床上蹦起来说了一句话："如果那样，我绝对不能丢师父的脸。"自从那天开始之后。孩子每天晚上看书，基本上看到凌晨两三点钟才睡觉。

他后来跟我这样描述那段苦学的经历，就是拿着一本书看到眼睛直接闭上睡着，然后早晨眼睛一睁开他第一时间就是把书拿起来先看。除了吃饭、睡觉、上厕所的时间之外，所有的时间全部用在学习上。

后来到了月考的时候，吴老师在青岛讲一个智慧父母的课程，他的妈妈又去上课了，因为那个时候她的儿子给她下了一个命令，以后师父在哪里讲课你都要去听。上课的过程中，我就发现了她心神不定，我就问她："怎么心神不定的样子？"她就跟我说："孩子的中考分数，明天就要出来了。"这时我才明白原来她担心孩子的中考分数。我了解到他们中考的总分是 680 分，如果想考到最差的学校也要考 360 分。她的孩子当时在见我们之前，大概也就能多考那么一点点，要考高分还有很大一段差距。所以，家长心神不定也是很正常的。那时候我就安慰她一下说："孩子反正都已经考完了，分数已经定在那，就像怀孕一样，是男是女都定型的，你着急也没用，还是安心等消息吧。"

第二天早晨，吴老师和我准备去上课。他妈妈就在路上又拦住了我们，叫了我一声"师父"，眼泪就流下来了。我说："又怎么了？"她说，"孩子的中考分数出来了。"我说："你哭成这个样子，考得好不好呢？"她说，这次他考了 530 分！一个月不到的时间从 360 分多点一下子考到 530 分，这应该是个奇迹了。

我当时就问："530 分意味着什么呢？"她说意味着省重点是进不了了，市重点是随便挑的。一个月时间，一个孩子从辍学在家完全放弃，到能够进入市重点高中，应该是非常好的结果了呀！

我说："都进步这么大了，你干吗还要哭呢？"妈妈说："我高兴得哭了！"妈妈压抑了好长时间可不容易了，碰到孩子这样内心真的非常兴奋。

过了一段时间，她又给吴老师发信息，向吴老师汇报孩子的情况。孩子拿到分数之后，自信出来了，动力也来了，决定未来要有大的发展，于是报考了他们当地的一所外国语学校。外国语学校是需要面试的，他竟然是所有面试学生的第一名，然后这所学校就准备录取他。结果一调档案发现一个问题，因为学校的录取分数线是580分，而他的分数只有530分。这个时候校长竟然说：愿意破格录取这个孩子。孩子进了高中后，成绩一直很优秀，连续几次考试都是全班总分第一名。

每次吴老师讲课，只要当地的少年弟子到现场，他都会让弟子们站到舞台去锻炼一下，分享一下。那次，这个孩子到现场来看吴老师，我就让他上台去讲几分钟，他站在台上神态放松且话语自信地说："我现在上高一了，各方面都很好，我的动力也很足，所以我非常感谢我妈的师父吴老师，我也感谢我的妈妈，当年把我'骗'到那个课堂，感谢妈妈当时逼着我去参加那个课程。"

由此我们可以看出，如果一个孩子真的打破内心的那些束缚打碎自己的链条，找到了动力，提升了自我价值，潜力真的是无法估量的。

这样的例子在我们动力营中有很多。我跟孩子打交道，越多越觉得孩子是无辜的，他们都是被折断翅膀的雄鹰，真希望更多的家长老师能够理解，一起来拯救这些本来就应该在蓝天翱翔的雄鹰。我们在长沙开过两次课，那里上过吴老师课的孩子比较多。

　　有这样一个孩子，他的母亲以前做过老师，当过校长，现在是区教育局的领导。当时有人向她推荐我们的课程，说能帮助到她孩子的时候，她并不相信。后来她抱着试试看的态度，把孩子送进了动力营。在动力营五天四夜结营时，她的儿子冲上舞台表达自己的感受，孩子讲得很激动，流下了眼泪。她看到儿子的表现很惊讶，忍不住也冲上台讲了一段话："我是一个教育工作者，原来是一个普通的老师，后来做了高中的校长，后来又到教育局任职。我一直以为连我们学校都搞不定的孩子，社会上怎么可能有老师还能搞定？但是我今天看到孩子的表现，我已经相信了，我觉得孩子已经完全变了，这是我没有办法做到的。五天四晚带给孩子变化竟然这么大，这是我完全没有想到的。"当然，更大的惊讶是回家一个月后，她的孩子数学竟然考了全班第一！一直以来数学是孩子的弱项，他就是搞不定数学，他在动力营里把这根链条打碎了，知道数学是可以突破的。他的母亲给我们发微信时，简直惊讶得无以言语。她说："我真的没想到：我儿子一直认为数学是他的弱项，是他最差的一门，没想到他数学考了第一名。"所以，孩子一旦把内心的链条打碎了，他能达到怎样的高度，是你根本无法想象的。

　　我记得看过一个寓言故事，故事情节是这样的：

　　有一个公主生下来之后，就被一个巫婆带走了。那个巫婆把公主带走之后，天天给公主施一个魔咒，这个魔咒就是"你是天下最丑的女孩"。其实，那个公主长得非常漂亮，那这个公主一直相信自己就是最丑的，她从来不相信自己是漂亮的。若干年之后这个公主已经长大了，巫婆就把她囚禁在一座塔里，塔只有一个小小的窗口对着外面。那个公主从来也不敢出门，因为她相信她是天下最丑的女人。有一天，有一个王子就从那个塔前经过，经过的时候刚好公主在小窗口里露了一下脸，结果王子就看到了公主。王子发现这个女孩好美啊，就对公主说她是天下最美丽的女孩。公主开始根本不相信，认为王子是在骗人，她坚信自己是最丑的。王子就坚持认定她是最美丽的，然后用各种方法证明并且让女孩相信了自己。他把公主带到水边，公主看到了自己，果然非常美丽，最终打破了内心的那个魔咒，他们过上了幸福的生活。

当我看完这个故事，当我们一次次地给孩子们做训练时，当我们一次次地拯救这些孩子的时候，我总有一种感觉，其实每个孩子生下来就是那个公主，她本来就是漂亮的。但是很可惜的是，很多爸爸妈妈，就像那个巫婆在给孩子施一种"你不行"的魔咒，孩子一次次地被你施魔咒，最后被你死死地绑住，导致那些优秀的孩子今天不再相信自己，他们认为自己是笨的，不是聪明的，然后把自己囚禁在那个看不见的塔里面。

在这个过程中，我们拯救的孩子越来越多，我们帮助越来越多的孩子打碎心中的魔咒时，我内心就会产生吴老师就是那个"王子"的想法。

也许一个偶然的机会，你的孩子见到吴老师了，他就可以证明这个孩子竟然那么优秀，他可以让这个孩子重新找到动力提升自我价值，最后让他成为学习的强者，我也真心希望跟我们有缘分的孩子，能早日邂逅吴老师这个"王子"。

关于学习的负面观念，大家都希望自己的孩子学习好，但是我研究了中国的家长之后，发现一个很有意思的现象：很多家长一方面希望孩子爱上学习，另一方面又用自己的言行让孩子形成了学习不重要的观念，最后导致他不爱学习。

有一次，有个妈妈过来找我，问我一个问题："老师，我听你讲课蛮有道理的。我想问一下，你觉得学习是唯一的吗？"我说："我没有说过学习是唯一的。"又问："分数真的是最重要的吗？"我说："我也没说过分数是最重要的。"她马上又问："那老师你觉得我这样教育孩子，对还是不对？"我说："你怎么教育的？"她说："我经常跟孩子说：'孩子啊！学习不是唯一的，分数不是最重要的，人生最重要的是幸福和快乐。'"不知道大家有没有从这位家长的语言中感受到什么？现在很多家长确实是这样想的，尤其是有些书上一直在传递一种信息，告诉你孩子要快乐，学习不是最重要的。如果一旦理解错了，这个信息可能就会出问题了。我就问她："你孩子读几年级了？"她告诉我："读三年级了。"我说："我看你这张脸就能看出你的纠结与痛苦了。"她告诉我说："我要烦死了，孩子在学校里学习一塌糊涂，孩子在学校里表现不好，学习不认真。如果哪一天因为学习不好，老师找到他说：'孩子啊！你能不能学习稍微认真一点？'孩子马上就说我妈说的，学习不是唯一的。如果这个孩子分数不高，老师就说：'孩子你能不能加点油，把分数考高一点呢？'孩子马上就说：'我妈妈说的，分数不是最重要的，人生最重要的是幸福和快乐。'"可见孩子觉得我不学习是最幸福的，不学习是最快乐的，所以他不认真学习也就可以理解了。我们家长在教育孩子时的逻辑，好像都是对的。但是不经意间我们播撒的种子，却害了这些孩子，有的孩子觉得很奇怪，妈妈一方面要我好好学习，另一方面又让我不好好学习。

我有一个朋友事业做得非常不错，夫妻俩都是职高毕业。其实，从职业高中出来的人真的有蛮多的，但他们教育孩子时引导就有问题。他们希望孩子好好学习，就对孩子说："儿子要好好学习，我们当年就是吃了亏，没有好好学习，你现在机会这么好，一定要好好学习，将来考上大学。"但是讲完这些之后，夫妻两个马上转身讨论："我们厂那个小黄啊，真没出息，考了大学有个屁用啊！"这对父母一方面要孩子考大学，另一方面又当着孩子的面肆无忌惮地说"考了大学没出息"。所以，他们的孩子怎么都想不通，为什么要读大学？有意思的是他们的孩子最后也考了职业高中，真是"长大后我就成了你啊"！

以上两个例子都是家长教育时的言行不当，导致孩子对学习的观念出问题了，他们都觉得学习是不重要的，因此在遇到学习困难的时候迷茫，他还有必要去拼吗？有必要去努力吗？

所以，如果一个孩子内在观念不正确，你想让他好好学习，这是根本不可能的。除了父母的言行，社会上的各种信息，一些关于学习的负面报道，都有可能影响孩子对学习的观念。比如：大量报道大学生无法就业，低学历高成就的人很多，会使孩子形成学习没用的观念。如果孩子有了这样的观念，就得想办法转变，不然就无法改变他们不愿意学习的外在行为。

在学习能力提升这堂课上，我们曾针对孩子认为学习不重要的观念，上过一堂课。本来那天只是一堂普通的课程，因为学生表现出来的观念，吴老师就专门给他们谈了学习的重要性。我们的课程是中小学不分组的，但有些内容会把中小学分开进行。那天晚上是分组课程，吴老师单独给中学生讲课，为了给中学生们一些好的感觉，吴老师特意告诉他们，今天是专门给他们开小灶的，因为考虑到如果跟小学生在一起，他们层次太低听不懂，所以今天晚上只有中学生在场。因为都是大孩子，那我们就要敞开心扉，讲点真话。孩子们听完都很兴奋热情，欢迎吴老师讲课。

吴老师先要求孩子们轮流上台，做个简短的自我介绍，讲一下姓名、年级、兴趣、爱好。孩子们就一个个上来，每个人都一本正经地介绍自己的姓名，来自哪里，喜欢什么，不喜欢什么。不过他们上台后，还是有点拘谨，就像一个模子里出来的一样。

现场一共十个孩子，到第九个孩子上台时，才终于有了变化。这个孩子个子比吴老师还高，超过一米八了。他摇摇晃晃地走到台前，前面几句也是正常的自我介绍，到最后突然说了句："吴老师跟你说实话，我讨厌学习。"他讲完这句话，下面的孩子哄堂大笑。有些孩子马上用眼睛看着吴老师，估计他们心里在想："老师，看你怎么办。"

看到孩子们的反应，我知道如果吴老师去指责或批评那个孩子，估计今天晚上的课也就变成走过场的形式了。吴老师这时问大家："你们觉得这个同学讲的是真话还是假话？"他们说："真话！"

吴老师说："我本来就是要你们上来讲真话的，讲什么不重要，只要讲了真话就是最好的，所以把掌声送给他。"

掌声一起来，那个孩子就雄起起气昂昂地下来了。

轮到最后那个同学，他在发言的最后，也跟前面的同学一样说了句："老师，告诉你，我也讨厌学习。"我猜想，如果吴老师没有鼓励前面的孩子，这个孩子是不敢这样讲的。因为他发现前面的孩子可以这样讲，那自己也可以讲，下面的同学又笑了。

他下来后，吴老师就上去了，首先问他们："亲爱的同学们，我发现最后两位同学上台都说讨厌学习，我觉得他们都讲了真话，真的很好，我很喜欢。那今天晚上坐在下面的你，敢不敢讲真话？我只想做一个调查，讨厌学习的举手我看看。"你们猜什么情况，虽然没有严重到所有孩子都举手，但举手的人竟然有八位同学，只有两位同学没举手。

我到学校也做过调查，今天中学生不喜欢学习的人非常多，我经常思考一个问题：如果有孩子不爱学习，这样教育也真的是很"奇葩"了。但是这种奇葩的教育，恰恰是当前中国教育的现状，也是目前我们所面临的非常严峻的问题。但这种情况批评肯定没用，普通说教也不行，只有讲真话才是唯一出路，用正确的逻辑把正确的观念传递过去才是正道。

于是吴老师对孩子们说："感谢你们对老师的信任，能够真实表达你们的想法。虽然你们不喜欢学习，但我想恭喜你们一下。"孩子们听完就愣住了，他们都说自己不喜欢学习了，老师还恭喜他们。吴老师就开始引导他们，先让他们一起说了一段话："人只有学会做不喜欢的事，才有资格去做自己喜欢的事。"然后开始解释并表达观点，在这个世界上虽然我们提倡每个人都找到自己喜欢的事去做，但事实上绝大多数的人，并没有办法去做自己喜欢的事。比如你们的父母也许并不喜欢自己的工作，但他们仍然会坚持努力工作，因为他们做了自己这份工作，到了月底就能得到一定的薪酬，去买食物、买衣服、买日用品。这个购买的过程是开心的，是满足的，但前提是做了那个不喜欢的工作，才有可能做这些喜欢的事。今天一个孩子如果不想学习，他就不学习，看起来很潇洒，但是未来总有一天他要面向社会，他要面对自己的生活。到那时候，你会发现你养成这个"我不喜欢我就不去做，不想做就不去做"的习惯，那你这辈子都可能没有太大机会成功了。

如果说他不想学习但是他仍然努力学习，有两种可能性：一种是熬着熬着，竟然慢慢喜欢上了学习，这也是有可能的。另一种结果是熬着熬着，虽然还是没有喜欢，但是熬出了坚强的品质，熬出了坚忍的意志。长大以后，遇到不喜欢的工作，也能继续熬下去，到那时候就能够很正常地度过自己的人生了。

如果你不喜欢就跳槽，不喜欢就逃避，我相信你将来一定是人生的失败者。所以请大家记住这句话："只有学会做自己不喜欢的事，才有资格做自己喜欢的事。而你们虽然不喜欢学习，但能够在这里坚持学习两天，甚至后面还要再坚持两天，你们正在做自己不喜欢的事，是不是要恭喜一下自己呢？"

这样一讲完，孩子们的观念就变了，其实我们既追求学习的结果，也重视学习的过程，甚至过程可能比结果即如何让孩子爱上学习更重要。我经常跟孩子们讲喜欢学习，成绩好没什么了不起，但不喜欢学习还能把学习搞好，那是把人做对了。他已经学会了坚持，学会了忍耐。这些人将来进入社会，绝对是个人才。

但是，做自己不喜欢的事，很多人都会觉得很痛苦、很难受。做自己不喜欢的事相当于待在危机区中，但正因如此才会得到更大的成长和突破。凡是那些伟大的人，都是在不断突破自己的舒适区，进入危机区的。你经历这个痛苦后，你就会成长得更好，将来会获得更大的快乐。

我们一个学员小时候特别喜欢踢足球，到初一的时候已经不是普通的喜欢，而是着迷了。迷到什么程度呢？星期一到星期五的晚上，他不看语文不看数学，只看足球杂志。你只要报欧洲五大联赛稍微有那么一点点名气的球星名字，他就能告诉你这位球星身高多少，体重多少，转会费多少，哪一年出生的，等等。

他的妈妈经常说如果能把这些时间，花在历史、地理上都能考一百分啊！可是孩子特别喜欢背那些球星的简介，不愿意背历史啊！那是人家感兴趣的。他除了周一至周五看杂志，周末还要去球场踢足球，刚开始周六踢，后来周日上午也踢了，再到后来周日下午也踢了，把作业拖到周日晚上才做。因为这种情况，他升初一时成绩开始严重下滑。他的妈妈请我跟他聊一聊了。我和他说："你现在这样玩足球看起来是不是很开心快乐啊？"他给我肯定答复。我又说："请问这种开心快乐能持续多少年呢？"他就愣住了："没想过呢。"我说："这样吧。我帮你算算。今年初一，你已经12岁了，你这样混混呢，混个普通大学，混到大学毕业，你大概20岁，充其量还有8年，之后你大学毕业。大学可能不太好，勉强找个工作，估计工作找的也不是太好，收入也不会太高。"

我又继续问他："大学毕业后，你要不要谈恋爱呢？"孩子那时候还在上初一，不太懂就说："我不谈。"我说："你现在是想着不谈恋爱，事实上真的到了那个年龄，你要谈恋爱的，而且谈恋爱后，是不是要结婚生孩子啊？"他说："是的。"我说请问："等你结了婚，生了孩子，要不要让老婆孩子过上好日子？"

孩子还是很有志气地说："我要让老婆孩子过上好日子的！"我说："那个时候你又没什么本事，工资估计也不会太高，你怎么让老婆孩子过上好日子呢？"

孩子的回答很有意思，他说："如果真的那样，我白天上班，晚上加班。"我说："好，有骨气！不过，我想问一下，有一天你晚上正在加班的时候，刚好有一场意大利足球甲级联赛，而且是非常重要的两支队伍在比赛，请问你想不想看？"他说："想看呀！"我说："想看怎么办？你在加班啊。"他说："那就看不成了。"我说："请问你难过不难过？"他说："那我很痛苦啊！"我说："好，你知道你这样的痛苦大概有多少年吗？未来你一辈子可能都要这么痛苦下去，你知道吗？所以，也就是说快乐大概没几年，痛苦会很长。我说请你记住一句话，小快乐是大痛苦的温床。"他说："什么意思？"我说："我想讲的意思是你能不能稍微收敛一点，少看一点足球杂志，多花一点时间在学习上，少踢一点足球多花一点时间在作业上。我知道那样的话，你会蛮痛苦的，但这个痛苦是有限的，大概也就几年时间。这个痛苦完了之后，可能你大学就真的不错呢。说不定将来你会找个好工作，那时候钱也真挣得不少，如果那样的话你又有钱又有闲，你那个时候看什么足球转播都有可以，而且说不定你还可以到现场看直播啊！那个时候你可以享受更大的快乐啊！"我又给他总结了一句话："小痛苦是大快乐的投资，小快乐是大痛苦的温床。"所以就问孩子们未来你想不想一个大快乐，他说："想啊！"

我说："想的话，那我们今天进行投资就是值得的。所以，现在经历一点小痛苦，像那些不喜欢学习，熬夜学习的时候，有点痛苦这是值得的。因为我是在为未来的大快乐做投资。如果你不爱学习，但是还能坚持，这正是在为未来的快乐做小痛苦的投资。所以我要恭喜你。这个世界上有很多人因为坚持做自己不喜欢的事，最后竟然有所突破，这些人也都成了伟大的人物。其实，他们就是从舒适区突破到危机区的。"

当把一些真实的事件说给孩子们听的时候，他们是有感觉的。

动力营下课的时候，一个孩子问我一句话："老师我问你哦，你觉得学习的目的是不是让人生更幸福？"我说："孩子啊，这句话应该是对的。"人家马上来一句话："那老师我觉得现在已经很幸福了，可不可以不学习呢？"我当时觉得他要么是挑衅我的，要么就是这个孩子思维有问题。于是我就问："孩子，你是怎么认为你很幸福的呢？"

孩子拽拽地说："老师你看。"他指指衣服，裤子，鞋子。"名牌""名牌""名牌"。家里吃喝都是最好的，玩的玩具都是名牌。各位有没有发现，他讲的所有的幸福都来自外在的物质。

这时我又问他："请问衣服是谁买的？"他说："我爸爸。"我又问："裤子、鞋子是谁买的？""当然都是家里人买的。"我就看着孩子，也让他看着我的眼睛，对他说："你看你长这么大，没为家里做一分钱贡献，你没有为社会做一点贡献，你所有吃的、用的、玩的，所有一切的一切，都是家里人给你的。但你现在自以为是不想上学，还觉得自己很幸福。如果这样的话，长大后有两种可能：第一种是如果你爸爸破产了，到那时，他给不了你外在的物质，那时你就需要自己争取了。因为你自己没有什么能力，你只能去找一些要花更多精力才能获取少量报酬的工作。那个时候你怎么快乐得起来？第二种情况就算你爸爸不破产，他可以一直给你，一直给你。你知道吗？像你这样的人，社会上的人会送你一个称谓，那叫'啃老族'。'啃老族'外在看起来很富有，其实内心很空虚。跟你一起玩的人都是看中你的钱财，绝对不是看中你的人。所以，哪一天你遇到一点问题，他们会离你而去，你内心那么孤单，请问你怎么快乐得起来？"

我的语速很快，眼睛看着这个孩子，这个孩子就愣住了，低着头对我说："老师，我爸从来没有跟我讲过这样的话，我上课去了。"我深刻地意识到孩子是可以引导的，只是你要有能量，你讲话要有逻辑，你要说理非常正确。在我讲完之后，这个孩子立刻意识到自己错了，他就会去调整内在的观念。可是很多家长要么不会讲这样的话语，要么能量不够，影响不了孩子。所以，一个老师不是不可以征服孩子，而是你要有能量，你要有强大的气场，要让孩子感觉到："哎呀！这个老师太厉害了。"讲完这两个例子，我给孩子们做总结："今天付出更多努力，考个好大学，就有可能找到好工作或者去创业，然后能获得更大的人生幸福。"

就在绝大部分孩子很有感觉、频频点头的时候，有一个孩子跟我叫板了："老师，我告诉你就算考了大学也不一定能找到好工作啊！我听说有个人北大毕业，他还去卖猪肉呢！"讲完这句话，孩子们哄地笑了。如果你的孩子跟你说："妈，我不读书了好不好，人家读了北大还卖猪肉呢！"你准备怎么办？你说："你这死孩子，卖什么猪肉啊？净想些没用的。"如果你这样说话是无法把孩子说服的，你一定要在逻辑上跟孩子说透的。

我对着那个孩子说："孩子，你讲话的意思我明白了，我很欣赏你这种思维。你有与众不同的想法，那我们现在就来分析一下吧！你刚才的意思是说考取了北大却要去卖猪肉，等于没出息是吗？来，我问一下，同学们有人考取清华北大，最后也没出息，这种人有没有？"同学们回答："有。"我就在黑板上写"清华北大没出息""有"。我说："大概你讲的意思还不止于此，那反过来呢？你讲的意思也许是这样，不认真不努力这个人反而有出息，我来问一下，有人不认真不努力最后有出息了，这种人有没有呀？"同学们又回答："有！"我又在黑板上写上"不认真、不努力有出息""有"。

这时候孩子们可来劲了，他们心里也许在想，"你看你看，北大清华没出息，不认真不努力有出息，那为什么要考北大清华呢？"我就继续问："请问考取北大清华没出息的人是多还是少呢？"这时候大部分孩子一愣，都说：少。我说："孩子们啊！每年北大清华那么多孩子，几十年过去了，没听说几个没出息的吧！没出息的真的少，少到报纸都愿意去报道了，说明极为稀有。如果每个清华北大毕业的孩子出来都卖肉卖白菜报纸绝对不会报道的，就因为太少太少，所以才会报道，说明北大清华没出息的不但少，而且是极少的。"然后我再用同样的方法论证出：不认真不努力有出息的人也是极少的。以上的逻辑说明：考了清华北大虽然有人没有出息，但绝大部分还是有出息的；不认真不努力有出息的人虽然有，但是绝大部分还是没有出息的。

于是我问："你们想不想有出息？"孩子们答："想！"我又问："那么是考北大清华更有机会，还是不认真不努力更有机会？"孩子们答："北大清华。"

考清华北大不一定保证你有出息，但是概率更高，如果今天可以选择的话，只要稍微有那么一点点智慧，孩子们都应该知道选择清华北大，因为这样更有保障。

最后我给他们总结了一句话：学习不是万能的，不学习是万万不能的。当讲到这里，我再建议孩子们去努力学习考大学的时候，他们都认可了。

我又给孩子们继续分析卖猪肉那个新闻的后续事实。当年北大确实有一位同学去卖猪肉了，不过令人想不到的是同样是卖猪肉，他比较会动脑筋，人家一天能卖一头猪的量，他能卖两头猪的量，最疯狂的一天竟然卖到四头猪的量。因为他会研究买家更喜欢哪些猪肉，其他家都是乱卖，他则采取分类卖。他卖的钱比别人多，卖的量比别人多，也就是卖猪肉卖出了北大的水平。因为人家读过北大，思维水平真的跟别人不一样。后来他又研究老百姓到底喜欢吃什么肉，发现老百姓喜欢吃的不是饲养场出来的肉，而是农民家里养的土猪的肉，于是他就融资创业自己养土猪，并且做成了品牌。

同样还有一个南京大学毕业的大学生，毕业后没有找到好工作，却开了个馒头店，人家都嘲笑他哇！读了大学却去卖馒头，结果人家两年时间开了多家连锁店，现在每年的收入超过一千万元，卖馒头也卖成了千万富翁。

一个人做什么工作真的没有什么高低贵贱之分，是你的思维状态决定你在这个行业里能不能做到最棒。读了大学之后我们的思维更广阔，眼界更高，即使卖猪肉都可以卖成功，卖馒头也能卖得比别人更好。中国还有好多名人，在今天看来大学的文凭对他们可能毫无用处，但他们当年却想着法子去读大学。

大家都听说过马云的故事，马云当年高考的时候，数学只考了1分，结果大学没有考上。他因为没考上大学就跑到西湖边踩三轮车，暑假想挣点零花钱。但他想来想去觉得踩三轮车不会有什么前途，所以下定决心再继续考大学。第二年数学虽然考得有进步，但还是没考上，经过反复思考下决心第三年继续考。第三年他把精力主要放在数学上，数学考了79分，最后考取了杭州师范大学，后来做了英语老师。又出来创业开了个翻译社。再后来，一次偶然的机会，他到美国去考察，无意间就发现了互联网。他觉得这将是未来的一个发展趋势，于是他把互联网带回中国，成就了中国第一电商阿里巴巴。如果马云当年不读大学，他也许今天还是一个成功人士，却很有可能无法创造今天阿里巴巴的辉煌。正因为他读了大学有机会学习英语，到外面去开阔眼界，提高思维格局，他才能做到这一步。

所以，读大学真的不是为了文凭，而是有机会看到更广阔的世界。

还有俞敏洪，他第一年高考也没有考上大学。没有考上大学，心里烦闷，他回到家把书往地上一甩，并跟他老爸说了一句狠话："我以后再也不想读书了。"他老爸倒是很智慧，说了一句话："儿子啊，不想读书了可以啊！那明天跟我去田里拔草。"俞敏洪当时想拔草就拔草，总比读书要舒服。第二天，爸爸把他带到田里去拔草，农村秧田里的草啊，秧苗啊，简直跟锯齿一样，在脸上拉一下就一道血痕，在腿上拉一下就一道血痕。俞敏洪脸上腿上全是血痕，尤其让他受不了的是，腿上还叮了两只蚂蟥。没想到拔草竟然这么痛苦，他就想如果这样我就一辈子跟蚂蟥打交道了？到了晚上，痛定思痛，他觉得还是要去考大学。

各位发现没有，有时候老农民也许没有那么多文化，但是人家很智慧，他一句话就把儿子不想读书的事搞定了。俞敏洪第二天就找爸爸："能不能再给我一次机会，让我复读，好不好？"老爸说的很简单："儿子，如果你真的想读的话，你就去努力。你要不想读，明天继续拔草。"俞敏洪因为拔草这件事留下了心理阴影，他就想：我以后再也不想去拔草了，还是好好读书吧！

你们知道为什么今天中国很多家长教育不好孩子吗？有很多家长找到我说："老师呀，我家孩子他不想上学了，怎么办呢？"我问他："不读书在家干什么呢？"家长告诉我说："回家玩电脑、玩游戏，还得我做好饭送给他吃呢！"我说："孩子在家玩得开心，吃得快乐，请问这个孩子凭什么去上学呢？"我不知道他是不是听懂我的意思了，孩子觉得"我不上学，我在家里玩得更开心，我凭什么要去学校受苦呢？"

所以，我跟很多家长说，用最简单、最粗暴的方法解决孩子的问题最有效，孩子不想上学，你可以同意，但要求是：手机没得玩，电脑没得看。跟老爸去打工，他做什么工作，你也做什么工作。你不是想进入社会吗？很简单，先尝一下社会的疾苦。如果他不想上学，你还给他提供最好的享受，他当然不上学了。

我记得小时候住在农村时，因为家里有老鼠，几乎家家都会养猫的。妈妈告诉我：如果给猫吃饱了，猫就不会捉老鼠了，会捉老鼠的猫都是饿出来的。俞敏洪爸爸就用这么一招就把俞敏洪搞定了。第二年他就开始努力学习，不过第二年还是没考上，然后第三年继续考，结果发挥得特别好。他考取了北京大学，在北大读的是英语专业，后来做老师做了两年，然后离职创业了。他做了一个英语培训机构，就是后来的新东方。当时他准备创立新东方的时候，觉得一个人的力量是不够的，所以他想找一些志同道合的、有能力的人来帮助他。

当然首先想到的是当年的同学，俞敏洪当年在北大成绩不是太好，但为人很好。同学平时都叫他："俞敏洪帮我倒杯水。"他就去倒水了。"俞敏洪去扫个地。"他就去扫地了。因此，所有人都觉得俞敏洪特别讲交情。在他需要人的时候，他的同学从世界各地回来跟他共同创业，终于成就了今天的新东方。

如果俞敏洪不去上学了，他就一直拔草，拔着拔着他想改变命运。有一天他想去创业，那么他能找到的合作伙伴也都是拔草的。同样，如果一个在工地打工，天天搬砖头、拉钢筋的人，有一天他想创业能找到的合作伙伴，很可能也是搬砖头、拉钢筋的。

所以，你有什么样的人脉圈子，你就有什么样的成就。俞敏洪在北大读了几年书，也许北大的文凭对他来说，真的不重要。可是他进了北大之后认识的人，形成的人脉圈子，对他而言太重要了。你没进北大永远不知道里面的人有多优秀。进了北大清华，你才知道你身边的朋友有多优秀。

所以，有时候进北大清华不是为了一个文凭，而是为了接触到更优秀的人脉圈子。现在有很多企业家，花几十万元到北大上课，去了之后真不是为了上课，他们的目的就是结交几个朋友。

马云读了大学，拓宽了眼界，开阔了思维，看到了机会。俞敏洪读了大学，结识了更大的人脉圈，也许读大学不是为了一个文凭，不是为了找个工作，而是为了将来有更多的机会。所以，我们再次总结下：学习不是万能的，不学习是万万不能的。我相信经过这样的交流，孩子内心对于学习的观念是会变的，一旦他认识到学习是重要的，积极主动就会出现。家长不要天天去要求孩子"好好学习"，而是要了解到孩子内心的观念，用正确的方法、合理的语言、完美的逻辑去把孩子对于学习的错误观念调整过来。一旦这样做，孩子的内心变了，就会重新找回学习的力量，外在的学习行为自然也就变了。可能有的家长会发现改变孩子的外在行为容易，想要改变孩子的内在观念，却是难于上青天。确实，观念存在于人的内心之中，看不见、摸不着，就连找到都很困难了，更别说改变了。而且人们的思维往往具有先入为主的特点。因此，改变一种观念比形成一种观念更难，所以像打碎内心链条这样的方法，不是每位家长都能做到的。

那现在我介绍一种方便家长上手操作的简易方法，让你一旦真的掌握了，就可能会直接改变孩子的命运。提到改变命运，有些人可能觉得我的做法太过神乎其神了。不过这个话题还真得从算命讲起。

有一个小伙子是汽修厂的一名普通工人，有一天他从厂外面推着一个破轮胎往厂里去，修理厂门外刚好有位算命先生摆了个摊在帮人算命。小伙子也想了解一下自己的命运，他就停下脚步，问算命先生："大师，你能不能看看我的命怎么样？"先生一看，这个穷小子穿着又脏又破的衣服，还推着一个破轮胎，想都没想就说了句："小伙子，你的命，我一看就知道了，你就是'拿破轮'的命。"小伙子一下子就愣住了。他没想到自己竟然是拿破仑的命，人家拿破仑是皇帝呀！

回去后，小伙子就想：既然我是拿破仑的命，那我得多了解一下拿破仑呀！于是他买了一本拿破仑的传记。此后，他一有时间就看，看着看着他的人生开始发生变化了。因为每次遇到事时，他总想着拿破仑会怎么办？他觉得拿破仑怎么办，他就怎么办，谁叫他是拿破仑的命呢！慢慢地他身上就有了拿破仑的影子。虽然他没有成为第二个拿破仑，但是他成了一名成功的企业家。其实，当时算命先生说他的命是"拿破轮"，意思就是拿个破轮胎的命,但小伙子却把自己的命运给改变了。

还有一种人算命也挺厉害的,就是心理学家。1968年,在美国有位心理学家叫罗森塔尔,他做过一件看似"算命"的实验。有一天,他突然跑到学校,跟那个学校的领导说自己发明了一种能预测孩子未来成就的技术,说白一点就是能找出哪些孩子是未来有大成就的天才。他表示现在他要拿这个学校的一个班级来测试一下他的技术的准确性,想请校长配合一下。因为他是著名的心理学家,校长也很尊重他,于是就找了一个班级,让罗森塔尔做实验。罗森塔尔就带着两个助手在这个班级中让每个孩子做了一张试卷,又带着两个助手在一个小房间里研究了数分钟,最后交给校长一份名单。本来这个名单就是校长交给他的,那现在名单里有几个人前面就被打钩了,罗森塔尔说凡是被打钩的都是选出来的天才。校长看了可能心里也有点怀疑,但是一想到人家是全世界著名的心理学家,也就不再怀疑人家了,实验就这样开始了。

过了8个月,罗森塔尔第二次来到这个学校。发现罗森塔尔来了,校长非常兴奋地向他报告了实验成功的消息。校长告诉罗森塔尔,他上次找出来的天才真准,凡是被选到的孩子的变化都很大,而且都品学兼优。老师们也都觉得这些孩子真是天才!同时,校长表达了他的疑惑,因为在这份名单中,里面有一个孩子是他们班的倒数第二名,还有几个孩子调皮捣蛋,过去老师都没发现这些孩子的优点,为什么罗森塔尔能这么准确地测出他们是天才呢?校长甚至也希望罗森塔尔帮学校把其他班级的天才也给找出来,这样便于因材施教。这时罗森塔尔讲了一段很重要的话:"尊敬的校长,8个月前到你们学校来,其实只是做了一个心理学的实验，我根本就没有找天才的方法，我也不知道哪些孩子会成为天才，我只是把你给我的名单很随便地打了几个钩而已，这只是一个心理学的实验。"校长听完这段话就愣住了，当然最后他明白了背后的道理，也正因为明白了这个道理，他后来成为一位非常优秀的校长。罗森塔尔并没有选天才的方法，那为什么这些孩子却如校长描述的那样成为天才了呢？大家可以想象下，如果老师知道了这些孩子是天才，对他的态度会不会变化？如果孩子自己知道了自己是天才，自信心会不会提高，对自我的观念和对学习的观念会不会变化？正因为有了这些细微的变化，这些孩子慢慢成了所谓的天才。请家长们思考一个问题：那个倒数第二名的孩子因为被打钩了，所以进步明显，成为天才。

那假如倒数第三名被打钩会出现怎样的情况呢？倒数第四名被打钩呢？原来每个孩子被选中后，都有可能成为天才。

第九节 改变命运的秘密法则

("定为"—"装为"—"成为")

每个孩子都是天才，只是我们没有找到教育天才的方法。这个方法非常简单，成就天才或者改变命运只要按这个方法就可以了。

一共就三个，分别是"定为""装为"和"成为"。

第一为叫"定为"

"定为"就是当我们希望一个孩子"成为"什么人，在他没有成为之前，我们就先说他就是那样的人，也就是把他"定为"成那样的人。看到拿着破轮胎的小伙子，算命先生说他是"拿破轮"的命。他自己却以为是拿破仑的命，这就是他把自己"定为"了。有个孩子本来是倒数第二名，但是罗森塔尔却说他是天才，其实就是做了一个"定为"。

第二为叫"装为"

"定为"后又会发生什么呢？比如我们班里有一个叫小强的同学，他一直没礼貌，老师想让他变成有礼貌的人，该怎么办呢？我先当着全班同学宣布我的一个发现：小强同学是懂礼貌的，不管你们相不相信，但是我坚信小强是有礼貌的。这个过程是我帮小强做了一个"定为"。到了第二天，小强在大街上看到老师来了，竟然会主动跟老师打招呼，向老师问好。也许他本来没有礼貌，但昨天老师都说他有礼貌了，那他在老师面前装也得装作有礼貌的样子呀。所以，第二为叫"装为"。

那个小伙子不断思考拿破仑会怎么做，他就怎么做。这个过程就是"装为"。那个倒数第二名被罗森塔尔确认为天才后，开始重新认识自己，开始努力学习，要做到符合天才的样子。

这个过程就是"装为"。

第三为叫"成为"

如果今天小强见到老师装成有礼貌的样子，老师立即对他的行为进行强化，肯定赞美他的表现，其实就是给了小强"装"的动力，那明天小强会继续装。如果装了两次，装了一个月，装了半年，装了一年呢？经过长时间的积累，小强就真的变成有礼貌的人了。所以，第三步叫"成为"。

那个小伙子一直按拿破仑的标准要求自己，后来果然成功，这就是"成为"。那个倒数第二名一直按照天才的标准努力，结果真的进步明显成为老师们心中的天才了，这就是"成为"。

原来改变命运成就天才的秘密就三个："定为""装为"和"成为"。如果家长们真能掌握，合理使用，一定能帮助到孩子，甚至对自己的人生事业都会有所帮助。

比如"你是个笨蛋""你是个没用的东西""你记忆力差"等，再也不要用到孩子身上了。请记住：一定一定要给孩子做正面"定为"！

懂得了这个原理后，我终于知道自己过去是活在别人的"定为"中，而我完全可以活到自己的"定为"中，于是我重新给自己的人生定义了。我给自己的"定为"，现在都在一步步实现。

在动力营中，这是一个很重要的环节，我会引导孩子去给自己人生做正确的"定为"，告诉他们如何不受负面"定为"的影响，达到用"三为"法则（"定为""装为""成为"）成就人生，改变命运。

假如你看完了这段内容后，你的孩子对你说他想当作家，不知道你是否明白该怎么做了？你过去可能会来一句："你啊，语文那么差还想做作家，还是坐在家里吧。"这叫用讽刺的刀，也等于给孩子做了一个负面"定为"。但今天不一样了，你已经学习过了，应该知道该怎样用三为法则来应对了，我这里就不直接指导了，就当是一个作业吧。如果还不能掌握的家长，可以在抖音账号（父母能量加油站）上给我留言。我们的系统课程上面会有完整的指导。

如果你发现夫妻关系还不是太好，你知道该怎么做了吗？有些女人喜欢对男人说一句话："我发现你好像不太爱我。"请问如果这是一个"定为"，你知道后果有多可怕吗？你为什么不说："我发现你越来越爱我了。"给孩子学习成长正确"定为"，孩子越来越好；给夫妻关系正确"定为"，夫妻关系会越来越好了；给自身事业发展正确"定为"，事业也会越来越好。合理使用"三为"法则，真的改变你的命运，成就你的人生。

第四章
利用哪几种关系可以激发孩子动力

第一节 有爱就有动力

有一个男人发现自己的裤子破了，顺便就把裤子给了老婆说："老婆，你帮我把裤子缝一下。"老婆觉得终于有一次机会，向老公证明一下自己的重要性了，于是她说："要没有我们女人，你们男人裤子破了怎么办？"听了这句话之后男人也蛮智慧的，马上回了一句话，他说："要是没你们女人，我们男人穿裤子干吗！"

我们看完这个笑话，第一感觉是好笑，但马上又觉得男人讲得有些道理。很多时候在复杂的社会关系下，我们做的很多事都会考虑别人的眼光。中国有句老话叫：女为悦己者容。所以，很多女同志打扮漂亮你以为是为自己打扮的吗？不都是给别人看的嘛。同样还有一句话：士为知己者死。那个人如果是我真正的朋友，我甚至愿意为他牺牲生命。那由此可以看出，我们与周围人的关系状态会影响我们做事的动力。因此，人的第三个动力来自人跟周围人的关系状态。

马克思曾经说过这样一句话："人是一切社会关系的总和。"也就是我们平时做某件事时认真或不认真、努力或不努力，跟周围人有着密切的关系。如果你的孩子今天回到家跟你这样讲："妈妈，我告诉你个好消息，今年我们英语老师换了，换成了王老师！王老师长得又好看，声音又好听，上课也很温柔，也不骂人，我们都很喜欢王老师。"如果这么讲的话，他今年的英语成绩很有可能会提高。如果他今天跟你说："妈妈，简直太倒霉了，数学换成了张老师。这个张老师长得又丑人又凶，声音又难听，上课还打人。尤其让我受不了的是，他还随地吐痰！"如果他这么跟你讲，今年他的数学成绩很有可能就会下降。因为一个很简单的道理，孩子"亲其师，信其道"。他如果跟这个老师关系好，自然就愿意听这个老师的话。如果跟老师关系不好的话，自然就不愿意听他的话。所以，跟老师的关系状态将影响他的学习动力，自然就影响学习成绩了。

有一次，我直播课结束，有位妈妈焦急万分地打电话给我："老师我是你的粉丝。我儿子早恋了，该怎么办呢？"我就说："反正早晚要谈恋爱，干吗那么着急呀？"她说："现在是关键时候了，会影响孩子学习呀！"我就问她："是好的影响还是坏的影响呢？"她说："那当然是坏的影响呀！"我就跟她说："我虽然不提倡孩子早恋，但你说孩子早恋必定影响成绩变坏，那也不一定。其实，有很多孩子正因为所谓的早恋，找到了动力也未可知呀！有些男孩子本来死不要好，可是在某一天突然喜欢上了他们班上那个漂亮学习又好的女孩子，结果开始努力拼搏，最终成绩好起来了，这种情况可不少见呀。"

看来不是早恋本身有问题,而是遇到这种问题该如何引导的问题。亲子关系问题、师生关系问题、同学关系问题,这是孩子将会遇到的三个最主要的影响动力的关系。作为父母,我们要想尽办法跟孩子处理好关系。如果关系处理好了,引导就容易了。在关系这个层面上,人们行事的模式是"我取悦我爱的人"。具体来说,就是如果我爱这个人,我就希望他开心,愿意为他努力。爱的程度越深,取悦的程度也越深。也就是说,爱的程度决定了他为你努力的动力的大小。

第二节 关系状态与动力级别

我们很多人可能经常把爱挂在嘴边,但并不知道爱是一个渐进的过程,爱的深浅就是关系的状态。两人之间的关系状态由浅入深分别为恨,讨厌,喜欢,崇拜,感恩。两个人关系的状态决定着动力的大小。

一、恨的关系状态与动力

如果一个人恨另一个人就会希望他不好,希望他难受,最严重的是希望他死掉。所以,往往恨字后面加的一个字是死。德国有位心理学家说:恨的力量是爱的一千倍。我们如果恨一个人,甚至可以恨很多年不忘怀。如果一个孩子恨老师的话,他当然就不会听老师的话。如果一个孩子恨妈妈的话,他也不会听妈妈的话。这个时候他希望妈妈或老师难受和痛苦。

中国媒体报道出来的第一例孩子把妈妈杀掉的案例,发生在浙江金华。有一个孩子,在读高一的时候,跟妈妈的关系不好。有一天他跟妈妈因为学习的问题起了矛盾,最后竟然用榔头把妈妈给杀掉了。从此以后每一年都有大量的关于孩子杀害父母、杀害老师的报道。有报道说,一个四年级小女孩将削下的铅笔灰撒在她爸爸的茶杯里,后来被她爸爸发现了。爸爸就开始追问:"你干什么啊?你怎么能这么干?"最后那个小女孩被逼得没有办法,说了一句话,她说:"我想把你毒死算了。"像这样孩子恨自己父母的情况其实蛮多的。如果一个孩子恨自己爸爸妈妈的时候,爸爸妈妈你们千万不要急于让你们的孩子去学习了。你们这个时候,首先要做的事是处理好跟孩子的关系,而不是学习的问题。

几年前,吴老师在广东中山讲过一堂课,当时现场来了一位爸爸。据说这个爸爸是很牛的,自己当年读书的时候,考试永远都是全校第一名,用今天的话来说应该是超级学霸。一个爸爸太优秀往往就看不到孩子的优秀,而容易看到孩子的问题,所以,在他的眼中,孩子怎么看怎么像笨蛋,孩子的学习当然也不太好。因而这个爸爸为了这个孩子用了各种办法,但一直不奏效。孩子的妈妈有一次听到了吴老师的课,觉得吴老师的课太好了,能够拯救她的儿子,于是准备叫她老公一起来听一听,但是她老公很自以为是讲了这么一句话:"听什么听?

我什么都懂。"这个时候，老婆跟他说："老公啊，这课可不是为你听的，主要是为了搞定咱孩子的。"老公想了下也觉得有道理，说："我这么优秀，但就是搞不定孩子，那我就去学几招吧。"于是他就进了吴老师的课堂。第一天听下来之后，他就已经发现自己有问题了，七把刀用得纯熟无比。第二天听完之后，家长发现他的儿子跟他的关系一塌糊涂，所以回到家以后他立即处理跟他儿子的关系。过了一段时间，儿子跟他的关系好了很多，儿子就把自己写的一篇日记给爸爸看了看。爸爸看完之后惊呆了，就委托妈妈把这篇日记拍了照片发给吴老师，还让吴老师以后讲课时如果有可能的话，可以把这篇日记读给其他家长听一听，希望其他家长能有所思考。

孩子的日记是这样写的："这是我几年来第一次这么想写日记，我也不知道为什么，也许我需要发泄自己内心的不满。这只是日记随笔涂鸦的，就连写不写日期也是随意。这篇日记必须只能有负能量。这是我自己个人的要求，很奇怪吗？反正我也已经自暴自弃了吧，无所谓了。自己能开心点就好。几天前我语文考试的分数出来了，67分，破天荒及格，我却不算开心。我老爸什么问题都会挑，我考了高分也没被他怎么表扬，他的评论只有两个字'进步'。几天后，也就是今天我没交数学作业，我这次确实是忘了做。这下他的评论是一句话：'回家看我怎么收拾你！'那个数学老师还把之前的旧账全给我爸翻了个底朝天！跟我爸反驳是顶嘴，他骂我是为我好，这跟封建社会有什么区别？我的学习差还不是你骂出来的？你还有脸在我面前骂？我没心思读书了。此言一出必不反悔！我恨你！我讨厌学习怎么了？"

孩子的这篇日记充斥在文字中间的感觉是他恨爸爸，恨老师。如果这位爸爸没有看到孩子的日记，肯定也不知道孩子心里对他的恨。看起来问题好像不那么严重，但真实情况还是很可怕的。像这对父子的关系已经处于孩子恨爸爸的状态了，这时爸爸首先要跟孩子处理好关系。如果这个时候逼着孩子学习只有一种可能性：引起他更大的反感。明白这个道理的家长赶紧行动吧，不要再跟他谈学习了，先改善跟孩子的关系才对。

二、讨厌的关系状态与动力

如果一个人讨厌另外一个人，就不想搭理他，见到他就想躲开。有的时候本来几个好朋友在一起聊天，突然来了一个你非常讨厌的人，他加入了，你可能就会找个理由走了。如果孩子讨厌你，你追着孩子讲好好学习，人家躲都来不及，你还叫他好好学习？他怎么可能听你的。

还有这样一个小故事：有一个男孩子爱上了一个女孩子，不过是单相思，暗恋。所以，这个男孩子做了很多工作，天天给她发信息啊，给她打电话啊，可是人家女孩子从来都不回。小伙子就觉得有必要当面去说清楚。于是他就赶到女孩子的公司楼下，等下班的时候就把女孩子拦住并且跟她表达自己的爱慕之情，最后又讲了一句话："我真的很喜欢你！你看我哪里还不够好，我改行不行？"他讲完这句话后，女孩也急了，她对小伙子说了一句话："我也不知道我哪里吸引你，我到底哪里好？我改行不行？"可见讨厌一个人的时候，根本没有任何动力，甚至会产生负动力。

如果一个老师让孩子讨厌，这个老师一进教室那个孩子就会想："又来了，倒霉死了。"一个妈妈如果让孩子讨厌的话，孩子想的就是怎么样来躲着你，哪还有心思放在学习上啊？你让他做的事他是不会做的。所以我们一定不能让孩子讨厌我们。但有一个严峻的问题，大家可能不知道，那就是讨厌父母的孩子还是蛮多的。我们在长沙举办一次孩子的训练营活动，我们对孩子做了一个问卷调查。这个调查问卷倒数第二个问题是这样问的："请问在家里你是否讨厌爸爸妈妈？"把问卷收上来一统计我们吓了一跳，填写讨厌父母的很多，甚至有几个写了恨不得杀了他们！早些年网络刚盛行的时候，网络上有一个组织叫父母皆祸害，大家应该可以猜到这是孩子们取的名字。这个组织有几十万人呢！我们家长整天觉得孩子都烦死了，孩子都是个祸害，其实在孩子的心目中父母也是个祸害！可见，很多孩子是讨厌父母的。

这个问题问完之后，后面还跟着一个问题："如果你讨厌父母，更讨厌哪一个？"孩子们更讨厌的是妈妈。很多人想不通，妈妈对他那么好，怎么会讨厌妈妈呢？其实不难理解，最主要的原因是妈妈在管孩子的学习。今天很多中国家庭都有这样一种现象：不谈学习，父慈子孝；一谈学习，鸡飞狗跳。

谁跟孩子谈学习，孩子就讨厌谁。而在家里一般男人参与管理孩子学习的比较少，逼着孩子学习的大部分是妈妈，妈妈在这个过程中往往就做了恶人。中国的妈妈们确实不容易，他们接手了更多教育的任务，同时承受着更多的教育压力。按道理一个孩子所受的教育应该有父母双方的参与。母亲给予的是温柔与慈悲的教育，父亲给予的是规则与刚强的教育。而今天中国男人的缺位已经造成教育的问题开始凸显。纵观整个社会，男孩子已经越来越没有阳刚之气，女孩子恰恰相反，越来越女汉子了，越来越像"野蛮女友"了。

我记得当年上学时候都是男孩子打架比较多，今天学校里女孩子打架的可多了。以前都是男孩子追着女孩子打，现在都是女孩子追着男孩子打的。男孩子越来越娘，女孩子越来越爷们。这社会简直乱了！造成这个结果的其中一个原因就是电视媒体。现在各类真人秀节目特别多，在节目中为了引人注意，以丑为美的现象把自己弄得娘娘腔；男孩子不表现阳刚之气，反而把自己表现得具有温柔贤淑之德，还标榜这是什么中性美，尤其让人受不了的是今天竟然有好多男人打扮成女人的样子，还去参加比赛。媒体和教师这两个行业对社会的作用至关重要，因为他们的一言一行都会对整个社会的价值观具有引领和指导作用。

但我们老师辛辛苦苦一堂课只能讲几百人，影响力有限。而媒体的力量太大了！他们的一个节目可能会有几十万几百万人看。如果媒体的导向不正确，那整个国家的价值观都会受影响。所以，媒体承担着引领国民价值观的重要责任。但今天的媒体越来越商业化，里面充斥着各种各样的垃圾新闻，还以丑为美。导致现在孩子们就喜欢追各种各样的明星，出了问题也就不奇怪了。

虽然说媒体起着不良的引领作用，但今天孩子的教育问题归根到底还是每个家庭自身的原因。家庭自身最主要的原因就是爸爸的缺位，男人有一个合理的理由可能不参与教育，他们会说一句话："教育孩子都是妈妈的事。"如果妈妈教育不好，他又说一句话："一个女人连孩子都教育不好，你还能干什么？"在一个家庭里面，女人既是付出最多的又是不被理解的，这样又会导致女人心态不好，对教育的效果又是负面影响。

有一次，我陪吴老师去郑州。在出租车上吴老师跟司机聊天，吴老师先问他："兄弟多大了？"他答完，我又问："哪里人？"他答："安徽的。"我问："结婚了吗？"他答："早结了，孩子都九岁了。"我问："那有没有时间陪陪孩子呀？"他说："我每天早出晚归的，还真没时间陪孩子。"我说："孩子都九岁了，教育应该重视呀！"这时候他一句话讲得很潇洒的："教育那是娘儿们的事，咱大老爷们搞什么教育？"他讲话那口气很豪迈，我听后都没底气了。一会儿轮到人家问我们了，前面几个都是常规问题，后面问到我们的工作了："大姐，你是做什么发财的呢？"我也只好坦白地说了："说实在话，你认为一个大老爷们不干的事情，我们正在干，就是做教育的。"出租司机看着我愣愣地说了个"啊！"我知道他心里一定觉得很奇怪的。最后下车的时候，打表36块钱，我给了他50块钱，说："小伙子你不用找了，这14块就当我给没见过面的小侄女买一个小礼物，你少接一单陪她一会吧。"

还有一次，吴老师在一所学校的阶梯教室里讲课，四百个座位座无虚席。吴老师眼睛一扫过去看到几乎清一色的都是妈妈，忍不住就问了个问题："有没有爸爸在场？爸爸站起来，（给我）看一下。"

一共就站起来两位爸爸，吴老师说："好歹还有两位啊，来大家给他们掌声鼓励一下！"妈妈们就很热情地开始鼓掌。按道理这个时候爸爸们应该感到很光荣才对，但是令我没想到的一幕发生了，其中一位爸爸直接就把头低下来了，就像犯了错的孩子一样；另一位爸爸更有意思，他把一只手放在额头前挠啊挠的。他装作他的额头痒了，但我知道他不是额头痒，而是心里面痒。也许他边挠边在想："今天好丢脸啊，就两个爸爸来听课。开家长会其他有出息的爸爸应该都出去应酬了，就我们两个没出息来开家长会了。"说不定回家后他就跟老婆说下次再也不参加这种会议了。

我坚信爸爸参与教育是应该的、重要的、必需的。但今天整个社会的风气认识都在传递着爸爸不必要参加孩子的教育，这样孩子出问题也就比较正常了。一个男人在家里就像一根柱子，他应该立在家里。男孩子要把他作为榜样，女孩子要把他作为参照。所以，将来男孩子更有阳刚之气，女孩子更有温柔贤淑之德。一个男人在家里站不住，家里就乱了。为什么男人要刚啊？刚的意思就是阳刚、刚强，就是能承担责任，不是说男人要脾气暴躁。所以，我一直在各种场合呼吁一定要让爸爸回归教育。

中国家庭的妈妈在教育这件事上花费的精力比较多，心里多少有点抱怨。不过我想劝妈妈们也不要抱怨，因为妈妈们来教育孩子本来也是天经地义的。我们从古到今都是以女人为主来教育孩子的，说实话男人虽然立在家里，但你也不要太指望男人。

中国古代有一个家族出了三个圣人，就是周文王的家族。

周文王是一位圣人，他生了一个儿子叫姬发，也是一位圣人。还有一个儿子叫周公，也是圣人。他们一家三圣。后来很多人就研究：为什么周文王一家能出三位圣人呢？他们研究来研究去，发现跟男人好像没有太大关系，倒是这个家族的女人比较特别。

他们研究发现，周文王的奶奶名字叫太姜，周文王的妈妈名字叫太妊，周文王的老婆名字叫太姒。他们发现原来一个家族要出现圣人的话，那女人的名字里必须要带一个"太"字。所以，到后来男人们介绍自己老婆的时候，干脆就说这是我"太太"。他说一个"太"还不够，干脆来两个"太"，意思就是说我们家就靠你了。所以说，推动摇篮的手，就是推动民族进步的手，这是有道理的。女人在家里对整个家族来说其实比男人更重要。一个女人好了，三代就好了；一个女人不好，三代就亡了。由此可见，母亲对一个家庭，甚至一个社会的重要性，都是不容小觑的。因此，各位妈妈们要认识到自己地位的重要性。处理好和孩子的关系，将亲子关系调整到最佳状态，这样才能教育出优秀的孩子。

三、喜欢的关系状态与动力

如果一个人喜欢另一个人就愿意听他的话，他说什么我都愿意接受，他让我做什么我都愿意去行动。我和老公刚谈恋爱的时候，他每天下班他都骑自行车去接我，回我家的路上有个上坡，陡坡挺长的，我心疼他，每次骑到这里我都要下来，可是他偏不让，使出吃奶的劲骑上去，为什么？因为他喜欢我，有动力呀。

年轻时，我老公特别喜欢打台球。在我们谈恋爱的时候，他基本上天天去打台球，每次带我去看他打台球。他朋友都笑他，和平时打台球情况大不一样，特别勇猛，每球必争啊，希望把每个球都打进去，甚至还和对打的人讲："兄弟啊，能不能松一点，让我进两个球好不好呢？"

当我喜欢的人让我做事或者当我喜欢的人在身边，我做事就会特别有动力。

如果有一天你的儿子正在参加比赛，你在他心目中的位置很重要，他非常喜欢你，你站在旁边一看，孩子马上就感觉到有力量，动力就出来了。在教育孩子的过程中是父母喜欢孩子重要还是孩子喜欢父母重要呢？

谈恋爱的女孩都会讨论一个问题：你是找一个你爱的人，还是找一个爱你的人呢？

在两人的关系状态中，哪怕是父母与孩子之间，如果你想占据主动，一定要让对方喜欢你。如果今天孩子喜欢你，他就听你的话，那如果孩子不喜欢你，而是你喜欢他，就变成你听他的话了。

《弟子规》中有这么一句话："父母呼，应勿缓。"意思是如果父母喊孩子的话，孩子马上就答应并且过来。但是今天的现实是父母呼应绝对不是应勿缓而是应很缓。有的时候你叫孩子很多遍，他都不一定答应你，或者答应你但就是不行动。不过，反过来如果是孩子叫："妈妈，你过来一下。"很多妈妈马上就急匆匆地跑到孩子身边了。这变成"孩子呼，应勿缓"了。这一切的原因是什么呀？是因为我们都喜欢孩子，但孩子未必喜欢我们，所以如果今天在这种状态下，你能教育好孩子，我怎么都不相信！你喜欢孩子没有问题，但是一定要做到让孩子喜欢你。那怎么才能做到让孩子喜欢你呢？给他好吃的行吗？你们哪一个不是给他好吃的，给他好玩的？也不见得有用，在孩子小时候肯定还有点用的，后来就不一定有用了。

那我们该怎么做呢？

我送给大家五句话：

第一句话：学会欣赏，让人喜欢。就是说，如果你想让别人喜欢你的话，要先学会欣赏他。

有一个心理学的研究，测试人怎么才会被别人喜欢。心理学家安排了两位助理（A、B）跟被试者（C）一起工作，在工作前先让C了解A和B的情况，然后问C觉得哪个更优秀。C选定更优秀的人（假设是A）后，测试就开始了。

心理学家先让A、B跟C一起工作一会儿，然后中间安排一个休息环节，在休息的时候故意安排A和B两人在C背后讨论他。在讨论的时候，前面C选的欣赏的A只要一说C的坏话，B就为C辩解，说C的好话，不断欣赏C。

休息结束后，工作人员让C选择一个人留下一起工作，C选择了B，答案是非常肯定的，为什么？因为他喜欢B，尽管在此前认为A更优秀。虽然A优秀，但A却不欣赏他，所以他也不喜欢A。也就是我不一定喜欢我欣赏的人，可是我会喜欢欣赏我的人。如果你想让孩子喜欢你，那就很简单了，只要欣赏他就可以，要学会欣赏让人喜欢。

我曾经看到过这样的新闻，一个女人的老公出轨了，但令她无法接受的是老公的出轨对象没她漂亮，没她能干，不知道为什么自己的老公会喜欢她。我们分析一下，其实是不难理解这种现象的。别人可能不够漂亮，可能不够能干，但人家有一种本事会欣赏人。这个女人可能比较漂亮，可能比较能干，但正因为这样可能经常会看不起老公，不会去欣赏他，所以老公反而喜欢别人而不喜欢她了。我经常提醒有些女人，人不是因为美丽而可爱，而是因为可爱而美丽。什么样的人是可爱的？那就是会欣赏别人的人。所以，无论是亲子之间，还是夫妻之间、同事之间，都应该多多去欣赏别人。

第二句话：学会示弱让人喜欢。

示弱的意思是我向别人表现出我不如你。爸爸妈妈跟孩子在一起的时候，尤其妈妈跟孩子在一起时，妈妈出于保护和包办的想法，总把自己搞得很强大的样子。比如说，今天我们到超市买点东西回来，拿着大包小包的，一下车，妈妈就把东西一拎。这时候孩子可能说一句话："妈妈，要不我帮你拎一个好不好？"很多妈妈马上会讲一句话："不用，妈妈拎得动。"于是妈妈就大包小包地拎着，把自己搞得跟女超人一样。妈妈走在前面，孩子跟在后面，什么事都没有，同时也就没感觉了。

如果妈妈听到孩子要帮你拎包的时候，要马上非常高兴地把你的包给他，给他之后还要表现出非常享受的样子，说一句话："哇，妈妈终于享福啦！妈妈有这个儿子（女儿）好幸福啊！"孩子拎着东西走在前面，你跟在后面的时候请持续不断地给他动力。

就像孩子以前学走路一样，你要说："孩子，你走得真快，你好厉害，妈妈都觉得很累，我怎么看你一点儿都不累呢？"其实，孩子这个时候蛮累的，但他不会说累的。他本来已经准备放下了，但因为妈妈的话他可能动力就又来了，所以咬紧牙关说："妈，你放心，我拎得动。我会坚持到底的。"这就是你的示弱给予他的动力。回到家以后的处理方式也很重要，有些妈妈一回到家马上说："哎呀，儿子累坏了吧，妈给你倒杯水吧，赶紧坐会儿。"你这样就错了，还是没有示弱。回到家以后你不用管孩子，自己往沙发上一坐，插着自己的腰说："哎呀儿子啊，你真厉害，妈妈没拎东西腰都酸了，你怎么拎东西还那么厉害呢？"如果这样的话，孩子把东西往那一放，会顺便走过来说："妈妈，要不我帮你捶捶背吧。"甚至很多孩子在家里转着问："妈妈，还有什么要做的我都帮你做了吧！"这时候他感觉到自己就是一个强者，就是一个能人。所以，妈妈学会示弱，孩子就能学会变强大。

　　他觉得妈妈需要我，你如果把自己搞得那么强，孩子就没感觉了，所以强母一般是弱子。

　　孩子的学习方面也是一样，如果今天孩子问你："妈妈，这道题怎么做呀？"你马上接过来说一句："妈妈来帮你看看。"你多强大呀，那孩子就弱了，他就想：反正我不会还有妈妈呢。结果有些妈妈在帮孩子的过程中，自己越来越会动脑筋，可孩子却不会动脑筋了。如果你学会示弱就跟孩子说："儿子，你现在可比妈妈都厉害了，如果你都不会，我估计也不会的，最多我们一起研究一下。"你带着孩子一起，即使知道怎么做，也要去引导孩子自己得出最后的结论。那层窗户纸让孩子去捅破，然后还要让他觉得你跟他学到了东西。

　　从前，四川有个老农民把儿子培养成了优秀的大学生。后来记者去采访，问他用了什么好的教育方法，结果发现老农民是个文盲。那这个文盲是怎样教育孩子的呢？老农民自己也不知道，后来记者就问他在孩子从小到大的过程中，有没有辅导过孩子，老农民说："哪可能辅导他呀，他比我们都聪明，一直都是他在教我们呢。"接着老农民就说出了孩子从小到大的学习模式——孩子每天学完学校的知识回到家，还得做一件事就是教爸爸。爸爸说自己没上过学，没文化，今天儿子去学习了，就是家里最厉害的人，每天回来要把学到的教爸爸一遍。每天晚上孩子做完作业后就开始教爸爸，爸爸开心地学着，崇拜地看着儿子，儿子特有劲！每天孩子在学校时一定想着法子把所有的内容都学懂，因为回家还要教爸爸呢。可能是歪打正着，爸爸的做法刚好是在孩子面前示弱了。这个示弱的状态让孩子觉得自己是强大的，必须要学好，最后也成就了孩子。学会示弱让人喜欢，我们有机会经常在孩子面前示示弱，让孩子更有动力去拼搏。

第三句话：提升能量，让人喜欢。

前面我给大家讲过，有一位妈妈到我的办公室的时候，跟我说她的孩子不听话。然后我问她是做什么工作的，她告诉我说她下岗了，我就说孩子不听她的话是正常的。为什么我会这么说呢？

大家可以想一想，一位妈妈在自己工作不顺利刚下岗的时候，她的能量是不高的，这时她无法影响到孩子，孩子自然也就不喜欢她了。如果这位妈妈光彩照人，身上能量很正很强的时候，孩子自然就会喜欢你。

有一次在动力营，我遇到一个女孩。她跟爸爸的关系不好。后来我向孩子了解原因，才知道孩子觉得爸爸长得太丑了。而且每次到学校都不注意形象。女人有时候跟老公一起出去也要打扮一下的，你老公可能跟你说无所谓的，你千万不要听他的。你真的穿着打扮得体，他嘴上不说，心里会觉得今天好光荣，你看带我老婆出来多有面子！如果你灰头土脸的他嘴上不说，心里却在想带你出来真丢脸，下次能不带就不带了。

我曾经看到过这样的报道：一个农村的老大爷，好不容易把孩子培养成才，到大城市里去上大学了。时间一长老人家想孩子了，于是就拎个蛇皮袋装点土特产，穿着破破烂烂的衣服就去看望孩子。到孩子的学校门口，被门卫拦住了。儿子接到电话赶到门口，接过爸爸手里的东西或者东西都不要，就让爸爸赶紧回家。然后他回到教学楼，人家问："哎，刚才是谁呀？"他会说那是村上的一个叔叔，他都不好意思说是他的爸爸。从道德的角度我们可以谴责这个孩子的行为，但是从人性的角度请你理解这个孩子的行为。我们虽然教育孩子不应该这么做，但是在潜意识深处他自然而然地就会这么做。孩子的自信首先来源于他妈妈的状态，两个小孩为了证明他们的妈妈谁更漂亮甚至都会打架，其实不光是孩子，我们成人在很多时候，不是也希望孩子成为我们的骄傲吗？既然如此，我们不能怪孩子而是应该想办法改变自己。但是父母的长相是无法改变的，也不是说父母必须靠长相来让孩子喜欢。其实我这里讲的是一种能量，人长得漂亮帅气固然能量高，但真正的能量可不止于此，人的能量是可以提升的。

我们可以从两个方面提升自己的能量：一方面是外在提升，另一方面是内在能量的提升。

外在提升，也许我长得不够漂亮，但我把自己的头发梳理得整齐一点，把身上的衣服穿得干净一点，着装得体一点，这就是外在的能量的加持。自身本体能量不够，我可以找到一些东西来弥补。比如，今天绑个围巾看起来感觉不错，叫"能量不够围巾来凑"；可能是"能量不够发夹来凑"，只要是能够帮助我提升外在本体能量的都叫资源，所以总结一句话叫"能量不够，资源来凑"。

能够借的资源除了本体的之外还有很多身外的，比如有很多孩子在动力营中跟老师拍张合影，回家后装裱起来挂在显眼处，这就是借资源提升能量。甚至在父母课现场，每次都有大量家长跟老师合影，然后回家就给孩子看，有的孩子看到后马上说："哇！你也跟老师合影了！"他好羡慕你的样子，觉得妈妈好厉害，竟然有机会跟老师合影！你看，这一瞬间他马上对你充满尊敬。这就是借助资源提升了能量。

除了外在提升能量外，更重要的是内在能量的提升。外在能量是补上去的，内在能量是修出来的。一个人内在的修行提升了，那么他能对情绪有更好的掌控，思维会越来越开阔，观念会越来越正，这一切都修好之后你内在的能量自然而然地就会影响你的外在气质。

所以，有一句话叫相由心生，外在的相是由内在的能量显现的。有很多时候，我们不是因为那个人长得漂亮才觉得这个人很可爱，而是感觉到这个人身上由内而外散发的气场很强。这里讲的气场就是她的能量。所以，与其逼孩子你不如把自己的能量提升起来。你天天逼着孩子好好学习的时候，你有没有想过管理自己的身体？你天天逼着孩子好好学习的时候，你有没有想过充实自己的大脑？提升能量才能让人喜欢。

很多人说吴老师长得蛮帅的，因为由内而外散发出那种气质，一个人能量强了就可以吸引人让人喜欢。

我们为了帮助家长提升能量，线上线下也专门开设了父母能量提升营。经过学习的家长能量提升了，真的由内而外地变化了，听完后就会兴奋，就想回家行动，甚至很多人说："听完老师的课内心莫名地充满了自信与力量。"其实这就是能量型的老师讲课的特点。也有些老师甚至有些教授站在舞台上拿着一台电脑，然后讲出来的话文绉绉的，人们听完也没什么特别的感觉。这种演讲看起来好像蛮高深的，其实这个层次是比较低的。真正最高境界的演讲一定是用最简单、最普通的大白话，同时老师的能量注入你的内在，让你听完之后莫名其妙地有一种想行动的冲动。就像真正的武林高手不用任何武器随便拿根树枝都能当剑用，而内功低的人只能靠厉害的武器才能提升战斗力的道理是一样的。很可惜你们看这段文字的时候，无法感受到我在现场讲课的能量，因为文字本身传递的能量是有限的。如果能量提升了，举手投足之间，嬉笑打骂都让人喜欢，如果你能达到这个层次，孩子喜欢你了，再让他听你的话就比较容易了。

第四句话：与孩子保持崇拜的关系状态。

如果你崇拜一个人那会发生什么呀？你会模仿他，会关注他，甚至穿着饮食都会向他学习。现在孩子们大多数会崇拜歌星、影星、球星。当他们崇拜这些人的时候，他们的服装、他们的行为、他们的生活方式，都会成为被模仿的对象。有个球星叫贝克汉姆，他穿着七号球衣，崇拜他的球迷就买七号球衣了；有段时间他留了个"鸡冠头"，结果很多年轻人就模仿着他留起了鸡冠头。

商家都懂这个道理，于是就让这些人做形象代言人，他的粉丝数量越大，他的代言费用就越高。

一个孩子在成长的过程中，必定会崇拜一些人，这是他成长过程中必备的精神营养之一。而一旦孩子崇拜了某个人，这个人就会影响他。这个人的品行、"三观"和行为模式自然就会被孩子所模仿。

孩子小的时候，也曾经崇拜过自己的父母，但随着孩子的成长，父母慢慢地就失去了让孩子崇拜的能量了，这时孩子就不再崇拜父母了。那么问题来了，如果孩子去崇拜那些明星，而崇拜的明星可能"三观"不正、品行不端，孩子自然也就会受影响了。当然，假如孩子崇拜的是爱因斯坦、爱迪生的话，那他成为科学家的可能性是非常大的。既然孩子终将崇拜一个人，那让他崇拜什么样的人就至关重要了。

这几年，我一直在倡导的一个口号就是"不追明星追名师"。因为追明星快乐一时，但是追名师可以幸福一世。因为名师给予孩子的是正确的价值观，给予孩子正能量，孩子将来如果追着这样的名师、沿着名师的轨迹，他走的路一定会越来越正。但是很可惜今天这个社会能够让孩子崇拜的名师太少了，父母做不到很多，现在学校里的老师也不容易做到。很多老师跟孩子的关系其实类似于猫跟老鼠的关系，孩子虽然很怕老师，但他只是在怕而已，他是畏而不敬。如果老师真的能提升能量，能够做到让孩子崇拜，再去影响孩子就太容易了。

当他崇拜你的时候，你让他怎么做他就会怎么做；一个老师如果让孩子崇拜，真的是老师一声吼，学生跟着走。今天很多老师做不到让孩子崇拜自己，那就是拿着棍子抽他也不肯走。老师要让自己变得强大让孩子崇拜，而不是天天用我们的力量去逼他们。

我们跟孩子打交道时，要想办法用他们认可的方式让他们崇拜，那样的话引领他们就容易了。

永远都忘不了开动力营里面的场景，家长们可能无法想象，我第一次在动力营的舞台上给孩子们分享。上完一堂课中间休息的时候，我刚一坐下，孩子们纷纷拿着笔记本，拿着笔围着我："老师能不能帮我签个字？"然后大家排好队，能够排下去几米长。签完字之后有些孩子还蹭到我面前："老师我能不能跟你合个影啊？"接下来就排队跟我合影，在训练营里课间尤其是吴老师是没有机会休息的，大部分课间休息时间都在签字和拍照。

如果一个孩子上完老师的课，马上就请老师签字合影，这说明他已经把老师当作偶像、当作明星了。如果我成为孩子的偶像，我就能够用我的价值观去影响他了。如果一个老师能够做到让孩子崇拜，而且这个孩子可以不追其他明星而追这位老师的时候，那这个老师就成了孩子前进路上的一盏明灯，可以照亮孩子的前程了。今天我们不能怪孩子去追星，而要怪父母和老师不能成为明星，让孩子去追。

吴老师在全国各地上课时，经常有孩子赶到现场去看他，而且捧着鲜花、带着礼物。凡是到现场的孩子，吴老师都会给他们动力加持。很多父母告诉吴老师，孩子只要见他一次，就会动力十足！因为孩子崇拜他，有些家长特意在上课的现场，让吴老师给孩子们写一句鼓励的话、录一段鼓励的语音或视频。这些东西带回家都会成为孩子前进的动力！

全国各地的家长对吴老师的评价都很高。"真奇怪呀，为什么吴老师在孩子面前，说什么孩子都会听，这是为什么呀？"因为孩子崇拜吴老师呀。吴老师在训练团队的时候，也要求他们每个人必须展示最完美的一面给到孩子。因为让孩子崇拜上了你，后面你说什么都是对的。如果孩子不崇拜你，即使你说的是真理也没有意义。

也经常有人直接让我跟孩子聊两句，我一般不聊的。因为当孩子还没有崇拜我之前，我做这些工作是没有意义的。如果他上过我们的课程，对我们已经崇拜了，这时我很轻松地就能影响到他了。

为了让动力营的团队能更好地帮助孩子，我是主教练，我的要求很严格。

首先，助教们必须都是精气神十足的，因为今天中国的教育缺乏状态的力量。

其次，一般颜值都比较高。曾经有一次，有个家长对我说，她的孩子就是因为吴老师比较帅就喜欢上这个课了，所以对于颜值控的一代新人，我为了让孩子们有动力也是拼了。正因如此我的团队中的所有老师都特别让孩子们崇拜，最起码也是让孩子们超级喜欢的，所以引导起孩子们就很容易了。

第五句话：与孩子保持感恩的关系状态。

如果能让孩子崇拜你的话，那是相当不错的，可是让一个孩子崇拜你也是相当不容易的。在关系层面激发孩子的动力还有一个方法就是直接超越崇拜达到让孩子感恩你的层次。如果一个人感恩另外一个人会怎么样呢？去年我在杭州讲课，有位妈妈听我的线上课程，说要请教一个问题。原来，她的儿子平时好玩，妈妈想了解孩子的动态，后来她费尽心思终于被儿子通过了好友请求。一进入儿子的空间就看到儿子写了一段话：我虽然不想上兴趣班，但为了不让妈妈难受，我还是去上了。

　　这位妈妈问我："老师，我儿子是不是有什么问题啊？"我告诉这位妈妈她的儿子没什么问题，这段话的意思也非常清楚，如果去上兴趣班是他自己痛苦，但是如果不上兴趣班是妈妈痛苦，那他宁愿让自己痛苦也不愿让妈妈痛苦，这就是一种感恩的状态。对别人感恩就会做到宁愿我难受也不能让你受苦。如果能这样的话，妈妈叫孩子好好学习，孩子即使自己难过也不想让妈妈难过。

　　但是很遗憾，今天大部分的孩子都不怎么会感恩。我们可以看到各种各样孩子不尊敬父母的报道，孩子打骂父母、孩子杀害父母，在动力营中也遇到过这种孩子。有个孩子刚来时，对训练营的学习有抵触情绪，我对孩子说："如果你不认真上课，你妈妈知道了会难过的。"他想都不想说了句："难过是她的事，跟我有什么关系？那是她自找的。"我又对他说："不管怎样你都已经来了，那就坚持上课吧。我知道如果上课你会难受的，但不上课你妈妈会难受。如果两个人一定会有一个难受，那你准备让谁难受？"孩子竟然又说："那就让她难受吧。"宁愿让妈妈痛苦，也不让自己痛苦，也就是现在的孩子缺少一颗感恩的心。我就在思考孩子不懂感恩的根源到底出在哪里。今天整个社会的孩子懂感恩的比较少，难道一个孩子天生下来就不懂感恩吗？如果孩子天生都不懂感恩，那是人种退化了，我相信肯定不会。如果一个孩子不是天生下来就没有良心，到后来却不懂感恩，那一定是我们教错了。

我开始反思很多教育现象，终于明白了孩子为什么不懂得感恩。

我给大家讲一个小故事。一个小男孩生下来后，爸爸妈妈都比较忙，于是把他交给爷爷奶奶抚养。爷爷对他特别好，早晨送晚上接，什么好吃的都给他，很可惜孩子9岁的时候爷爷生病去世了。当爷爷生病去世时，孩子哭得很伤心。不过下午哭完之后，从第二天开始他就慢慢忘记这件事了。后来有人和他提起爷爷，他也没有什么感觉了。他的爸爸有点失落，心想：爷爷对他那么好，怎么那么快就没感觉了呢？但爸爸马上找到一个理由：也许孩子还小，还不懂事，这是正常的。可是过了一段时间，他家里又发生了一件事：家里的一只小狗死了。小狗死了之后孩子也哭了，而且哭得还蛮伤心的，还哭了好多天。后来只要有人问到小狗。他就哭得很伤心。他的爸爸终于受不了了，心想这个小混蛋真没良心，爷爷死了，他只哭半天；一只小狗死了，他天天哭。他想不通到底是为什么。其实这种情况并不难理解。

我们来分析下故事中爷爷、孙子和小狗这三个角色。爷爷是爱孙子的，什么好吃的、好用的、好玩的都给了他。孙子面对这么好的爷爷，他当时也是有爱心的。当他发现爷爷什么都给他，他也想回报爷爷，于是他也把好的给了爷爷。大家一定能想到下面的情景，当孙子把好东西给爷爷的时候，爷爷会说："不要，不要。"这时候孩子心里就有一个大大的问号：怎么我把好东西给爷爷，爷爷不要呢？慢慢地被拒绝多次以后，他终于理解了，原来大人给我是应该的、正常的，我给爷爷是没必要的。因为大人是不需要爱的。

我们现在的时代，爷爷、奶奶、外公、外婆、爸爸、妈妈六个大人围着一个孩子转。我无数次地调查过一个问题：假如今天中午你很忙，来不及做很多菜，午饭只有两份蔬菜和一个肉圆。这个肉圆是我们六个大人都喜欢吃的，但是无论哪个大人用筷子夹起这个肉圆，下面会做什么？家长们的回答惊人的一致："给孩子！"我也问过孩子们同样的问题，孩子们也异口同声地告诉我："放到我的碗里。"这就是我们中国家长的教育。爷爷把肉圆夹到孩子碗里还说一句话："孩子啊，你正在长身体。你要多吃点哦，爷爷就不用吃了哦。"我们永远都讲只要"你好就行了""妈不需要""爸没关系"这样的话。讲多了孩子感觉到，你们大人是不需要爱的，而你们爱我是应该的。

这样的教育可不是一年两年，从孩子小的时候我们就这样做了。

那你看有的爷爷会这样逗宝宝："宝宝，你的饼干给我咬一口好吗？"当小宝宝真的把饼干伸出来给爷爷的时候，爷爷却说："哦，宝宝乖，宝宝是好宝宝，爷爷不吃。"宝宝就想了，做一个好宝宝这么简单，我只要把饼干伸一下反正你又不吃，饼干又回到我这里，我就成了好宝宝了，下次到奶奶、阿姨、叔叔时同样伸一下，一圈回来他就变成好宝宝了。如果我跟儿子要什么吃的，他伸过来后我就咬着吃了。我让他知道他给我，我吃了是正常的。当然，我还会感谢他，告诉他妈妈很开心哦，让他知道他做完妈妈是很开心的。遇到朋友家的或者外人的孩子，就很好玩。我仍然会说："孩子，能不能给阿姨咬一口？"有的孩子伸出来后，我拿过来放到嘴里就咬掉了。很多孩子会惊讶地看着我愣住了，也许他在想：你怎么跟别人不一样呢？有一个孩子最好玩，我把糖果吃掉后，他大哭起来说："你怎么真吃啊？"

所以，我们的教育有时候很假，但这样的假教育却让孩子感受到大人爱孩子是应该的，而孩子爱大人是不需要的。但是孩子的内心是有爱的，他的爱心给爷爷，爷爷又不要，这时他突然发现还有小狗呢，那就把爱给小狗吧。

所以，他把小狗照顾得无微不至，这时孩子身边有两个人：一个是不断给他爱的爷爷，一个是他不断付出爱的小狗。如果你问孩子更爱谁？孩子会告诉你，他更爱小狗。当然，也可能有一种情况，他嘴上会说更爱爷爷，但行动上却更爱小狗。从意识的层面，我知道我应该爱爷爷，但潜意识深处却自然地表现出爱小狗的行为。道理他都懂，但行为却做不到。如果我们不能在行动上真正改变这个孩子的话，道理讲得越多对孩子伤害越大，这才是真相。这个道理明白后，我们才知道原来孩子没有感恩心，真不能怪孩子，是我们的教育出了问题。如果想让孩子更爱你，有感恩之心，父母只要调整一下做法就可以了。如果有一天孩子给你爱的时候，你应该接受。不但要接受，而且要开心地接受，这叫作悦纳。如果这样的话，孩子感受到原来你需要他，他就会给你更多。

一个人对爱有两种需求：一种叫被爱，就是需要别人来爱我；另一种叫施爱，就是去爱别人。如果女人经常被爱的话，她忍不住要烧点好吃的给男人，她要织件毛线衣给男人，她也要施爱的。但不懂爱的女人，她就会讲："我给你毛衣了，你也要给我买个好东西。"其实，也许你不用这样讲，正常人，人人都有被爱和施爱的需求，正常的话都会这么做，这样才能形成爱的流动。

如果希望一个孩子真正懂得感恩，我们就想办法让他去行动，让他对我好，并且我去接受。让他的这个行为得到强化，那他将来就是一个有孝心的人、懂感恩的人。

假设说你家有两个孩子，两个孩子总是闹矛盾。老大说你更爱弟弟，老二说你更爱哥哥。这时，妈妈还说我明明是一碗水端平的，但是在孩子心目中总觉得你更爱另一个。如果家里有两个孩子的，请注意：你把你的爱给老大就行了，然后把老二托付给老大。有一天你骂老二，老大说："不要骂弟弟，好不好？"他会保护弟弟的。因为弟弟是他的"小狗"。原理明白了，就很简单了。

所以，很多有二胎的家庭听我讲过这段后，回家马上就改变了。真正的感恩教育，有效的做法是要让孩子了解父母对他们的恩在哪里，再用行动去培养他们感恩的行为，这才重要。在我们的动力营中，也会培养孩子的感恩心。我们这堂课的名字叫"知恩图报"。如果想让孩子感恩，首先要让他知恩，如果他不知恩又怎么会感恩呢？

吴老师会先给他们讲一个小故事：有一天，一个孩子因为跟妈妈吵架，赌气离家出走了。到了外面才发现身上并没有钱，但他因为生妈妈的气，硬是赌气不愿意回家。到了傍晚时分他肚子非常饿，在马路边的一个面摊前，眼巴巴地看着卖面的。老爷爷好像看出了什么，就对他说："孩子，我下碗面给你吃吧。"孩子说："可是我没钱。"爷爷说："没事的，就一碗面，就算我送给你吃吧。"等面下好之后，孩子突然对着老爷爷扑通一声跪了下来，说："爷爷你真是个好人，比我妈妈好多了，我妈总是拿着我的学习烦我，你我素不相识你还给我面吃。"谁知这时候，老人家突然把面端起来就倒掉了，然后对着孩子说："我这碗面就算倒掉也不能给你吃，因为你太无知了。我只是给你一碗面，你就跪下谢我，你知道你妈妈给你煮过多少次面？你谢过她吗？你妈妈还做过多少比一碗面更重要的事，你谢过她吗？在这个世界上有两个最关心，最爱护你的人，你可能从来都没想过谢他们。你现在就赶紧回家，你的父母可能正在焦急地找你呢？"

一段话把孩子点醒了，他满脸羞愧地跑回家，发现妈妈正流着眼泪在小区门口等他。妈妈发现孩子回来的时候，马上着急地问："孩子，你跑哪去了？饿了吧，妈妈先去给你煮碗面。"孩子再也忍不住了，扑通一声跪在了妈妈面前说："妈，我错了。"

我们生活在太阳底下，已经忘记了太阳带给我们的光芒。但是偶尔遇到月亮的光明，我们会觉得有月亮真好。孩子们何尝不是呢？父母对他们的恩情那么大，但他们浑然不知。

所以，动力营里先跟孩子们讲感谢父母十大恩德：

第一恩叫"怀胎守护恩"。妈妈在怀孕的时候，怎么守护你，两个月的时候发生过什么，三个月的时候发生过什么，一直讲到十个月。在这个过程中，妈妈是怎么保护你的。听到这里很多孩子也会流下眼泪。

第二恩叫"临产受苦恩"。跟孩子们讲述妈妈生孩子的时候，有多大的痛苦。如果是顺产有多大的痛苦呢？如果用刀把肌肉割开的疼痛指数为 X，得了癌症直到痛死掉的疼痛指数为 Y，那妈妈生孩子的疼痛指数就介于用刀把肉割开和死亡之间。

第三恩叫"生子忘忧恩"。无论妈妈有多大的痛苦，麻药劲儿一过，她睁开眼睛的第一句话一般都会问："孩子在哪里？""宝宝怎么样？"这就是伟大的妈妈，无论她有多大的痛苦，生下来之后都会先关心孩子，首先想到的都是孩子……

这样一直讲到第十恩，叫"究竟怜悯恩"。一位妈妈一百岁了，将要死了，可她临死之前放不下的还是孩子。一个人没有生下来之前，母亲就开始对你有恩，母亲临终的时候仍然牵挂着你，对你仍然有恩。这些恩是你永远都报答不完的，所以父母的恩永远都报不尽。

讲完这十大恩很多孩子都很有感触，一些较大孩子的表现很特别，眼睛冷冷地看着台上的老师，我还以为他们没有什么感觉，谁知在后来写感想的时候他们是这样写的："今天吴老师给我们讲十大恩，我很感动。但我没流眼泪，我知道行动比流泪更重要。"

知恩后当然就是图报了，有的孩子经常讲："妈妈，等你老了／等我长大了，我就怎么怎么样。"这时候，我会放一个片子给他们看。片子的内容描述了一个不太孝顺的孩子总和他的妈妈说："妈妈，等你老了我天天做饭给你吃。"没等到妈妈老了，就因为意外去世了，这个孩子哭着做了顿饭叫作"天堂的午餐"。很多大孩子看到之后非常有感触，孩子们终于理解了一句话："子欲养而亲不待。"这时候再让他们一起来理解一条语录，叫作"孝心是不能等的"。不要天天想着爸爸妈妈能为你做什么，你要常常想想你能为爸爸妈妈做什么。孩子们终于懂得图报不是未来图，而是现在就要图，不要说等我大了，那时候妈妈就老了或者妈妈有可能就等不到那一天了。怎么图报是要重点跟孩子们讲的，要图报的话就要理解一个字，这个字就是"孝"。中国人经常讲一句话叫：百善孝为先。如果一个孩子不懂孝的话，那就没有善。如果孝没做到的话，那你这个人一定不是好人。

看这个字，"教"。"教"跟"孝"是有联系的，"教"跟"孝"相比多了一个文化的"文"，意思是教就是关于孝道的文化，教就是教你怎么行孝。教育如果没有教孩子孝，那就不是教育。当然，如果真要把孝讲明白的话，三天三夜都讲不完。

所以，只能简单地给孩子们讲孝的四个层次，道理不是最重要的，关键是指导他们怎么行动。

第一层孝叫"身孝"

身孝的意思就是在身体这个层面让爸爸妈妈感受到舒服一点，享受一下，将来要赡养自己的父母。孩子知道道理不是目的，主要是未来要能够有所行动。

我们也会引导孩子：有什么可以为父母做的？孩子们纷纷说可以做的有给爸妈洗脚，给爸妈捶背，给爸妈盛饭，给爸妈倒水，给爸妈做家务，长大后挣钱给爸妈用，给他们买房买车。对于孩子们提出的一些具体可行的做法，我们都一一给予肯定。但也有少量的情况，孩子们可能停留在语言阶段可以适当引导。

比如孩子们关于未来长大挣钱给父母花的做法，我们给予肯定的同时，也要引导现在可以怎么做。我们会让孩子们明白如果真想从钱的角度对父母进行身孝的话，你现在少买几个玩具就对了。

你少买几个玩具可以给爸妈省点钱，这就是"孝"。在中国好多地方还有这样的情况：孩子因为少考一分，父母就得为孩子交几万块的择校费。如果能多考一分，不用父母浪费这几万块钱，这就是"孝"。还有些人整天想着将来要挣钱，但如果现在一直不努力，估计挣钱的可能性也极小。所以，现在努力学习才等于做到未来能挣钱，这样就把学习和孝道结合起来了。这些孩子们都不难理解，讲完都懂了。其实孩子们不是不知道要感恩，也不是不知道要做什么。如果只是让孩子们讲一讲听起来是不错，可能他们的语言和行动仍然是脱节的。

怎样让孩子真正地去行动是很关键的，毕竟我们无法跟踪孩子到家里监督他的行为，所以有些要求的确是很重要的。

首先确认行动的时间和地点，比如你准备给妈妈盛饭准备从哪天开始？是中饭还是晚饭？是在家里吃还是在外面吃？然后确认行动过程——你准备怎样跟妈妈说，第一碗先给谁？最后遇到困难怎么处理？如果你准备去盛饭的时候，妈妈也在盛饭，你准备怎么办？能否主动抓住机会？如果家人都说"算了，不用你盛，你休息就行"，你准备怎么办？

让这些场景不断地在孩子们的脑中呈现，而且不断地引导孩子下决心通过动作语言，让孩子表明一定可以做到。像这样对行动情景的预设以及确认，可以有效提高孩子行动的可能性。我们经过不断确认的引导后，根据我们过去引导孩子的经验，绝大部分孩子回家后，都会有行动的。当孩子有行动的时候，他能否真正养成感恩心还有一个重要因素就是父母。根据我们过去的经验，很多父母在看到孩子准备给他们行孝时，很容易活到原来的模式中去。

最容易犯以下三种错误：

第一种是舍不得孩子吃苦。

当孩子准备给自己盛饭时，有些家长马上说：孩子，妈妈自己盛饭就行了。请家长们一定要明白，不是你不行，关键是你要给予孩子成长的机会，就算你成全他，你也得接受孩子对你的行为。就像前面说的，孙子给爷爷的时候，爷爷不能再说不要，而要开心地接受。这样孩子才会越做越有劲，感恩心就出来了。也许孩子做的还只是一个小小的行为，这是一颗感恩的种子，只要不断浇灌种子终将会生根发芽的。

第二种是认为这个没用。

有些父母看不上这些行为，总说："这有什么用？还不如花时间去背几个单词。"这些行为其实是至关重要的。首先是关系到孩子的做人，其次是孩子慢慢有了感恩心后，会越来越在乎父母的感受。如果你到时真要让孩子好好学习，孩子可能就会听你的了。

第三种是责任不明确。

前面说到的孩子要交择校费的问题，很多家长的引导本身就是有问题的。他们会跟孩子说，如果不用交这几万块，妈妈就会带你去旅游，这几万块就算你帮妈挣的。这样的做法就不利于培养孩子的孝道了，也一下子就把孩子的责任心给抹杀了。总之，孝心的培养不是单方面的，我们要努力让孩子有所行动，与此同时家长要帮助孩子的孝心成长，这样才能真正让孩子成为懂感恩的人。

第二层孝叫"心孝"

如果能做一些事情，让你的父母开心、舒心、安心、放心，那你就做到了心孝。如果你做一些事情让父母担心、闹心、烦心，那就是不孝。

同样，也是让孩子们去思考讨论可以怎么办。他们会说到以下一些方式：给爸妈讲笑话、对妈妈说她长得漂亮、对爸妈说我爱你、妈妈让我做作业的时候我就把作业做了……有些孩子很有意思，当有一个孩子说我妈妈漂亮的时候，另一个孩子马上就反问了，那如果你妈妈不漂亮怎么办呢？这不是拍马屁吗？还有当孩子说要对爸妈说我爱你的时候，有个别的大孩子眼睛斜着，一脸鄙视：嘴里还冒出一个肉麻词语。可见孩子的思维还是要引导的，可能有些孩子一直接受着诚实的教育，这当然没错，不过我们也知道这个世界需要一些善意的谎言才能更美丽。当你对妈妈说"妈妈，你很漂亮"的时候，也许你说的不是实话，但这样的话带给世界的是美好，所以能说这样的话的人都是会做人的。有些人觉得说妈妈漂亮是在拍马屁，如果我们今天真拍了，这样的马屁拍了之后，对社会没有任何的危害，对别人也没有任何的危害，对社会还有正能量的提升，那么这种拍马屁就不叫拍马屁，这叫会做人。现在我们很多人自以为清高、自诩为君子，于是就不再拍马屁。但是大家要知道任何人都需要别人来肯定他和欣赏他。

还有些大孩子说："对爸妈说'我爱你'是肉麻。"我是对他们这样说的："我听见一些同学跟妈妈说'我爱你'会有些不好意思，有些肉麻。我想真实地告诉你，如果今天一个孩子连跟自己的妈妈说'我爱你'都说不出口，都觉得肉麻，我觉得你这样的人肯定最矛盾。因为我敢保证过几年，你肯定要谈恋爱，你会对你的男朋友、女朋友说'我爱你'，你对自己的妈妈都说不出口的话却能对别人说，所以说你这样的人是最矛盾的。"

《孝经》中说："不爱其亲而爱他人者，谓之悖孝。"你对自己最亲的父母都不说"我爱你"，而对其他人说"我爱你"，这种人就是缺德之人。所以能对父母说出"我爱你"的人，才是真正感恩之人。

孩子听完之后，触动是挺大的。在动力营最后一天结营展示的时候，很多孩子站在舞台上说："爸妈，我爱你们！"他真的喊出来之后，内心感觉蛮开心蛮幸福的。很多孩子叫完之后泪流满面，因为好多年没有叫了。我们在动力营中需要孩子们背诵十六条语录，每条语录都是给予他们正确价值观的，其中第一条就是：人生两件事，做人和做事。做事重要，懂得做事，背后做人的道理更重要，做事要全力以赴，做人要全心全意。如果妈妈希望你七点半完成作业，你八点半才完成，完成作业就是一件事，但这件事做得怎么样就能体现出你做人的水平了。

如果你七点半就完成了，妈妈会开心。通过这件事妈妈开心了，就是"心孝"。如果你八点半完成，从事情上看你也完成了，但妈妈就不开心，你就是不孝。所以，这里哪里有什么学习，学习也许真不是最重要的，分数也不是最重要的，学习是做事，我们是通过做事来练习做人的。如果我们因为学习这件事违背了我们行孝的标准，我们就亏大了。学习没搞好，人的孝道也丢了。我们借助学习这件事把学习搞好，顺便让妈妈也开心一下，我们行了孝道，一举两得。通过做事做到让父母内心舒服这就叫"心孝"。

第三层孝叫"志孝"

志孝的意思是如果有一天你的父母，因你而感到骄傲，那你就是志孝。如果因为你，父母感觉到丢脸那就是不孝。比如，有一个演员叫房祖名，因为他做了一件事情，让他的爸爸成龙在别人面前丢脸抬不起头来，这就是不孝。有些同学平常在学校里表现不好，老师把爸爸妈妈请到学校里训话，这种孩子就是不孝。很多家长现在天不怕地不怕，就怕孩子老师的电话。因为老师打电话来一般是向家长投诉孩子表现不好，家长就得到学校，接受老师的指责。有些老师训起家长来就像训小学生一样，有些孩子根本不知道自己每一次的错误，每一次的不努力，换来的都是父母为他的低头哈腰，这样的孩子真不孝。反过来，如果有一天孩子在学校表现不错，老师决定请他的爸爸妈妈去学校做经验介绍，把他的爸爸妈妈表扬一下，那就是孝。所以，中国人讲，如果一个孩子能光宗耀祖，那就是大孝！有的孩子明白了这个道理，就开始发誓：这个学期一定要好好努力，让爸爸妈妈去学校做经验介绍。这样就把孝和学习又联系起来了。

第四层孝叫"慧孝"

慧孝就是如果你学习成长了，你有智慧了，而你的爸爸妈妈还不如你，这个时候你不能看不起他们，而是要用你学会的智慧指导他们。

如果父母还犯了一些过失，你要包容理解他们，并且帮助他们慢慢改正这些过失。父母们如果把孩子送出去学习几天，或者参加了什么活动，包括在学校一天学习下来，会不经意地问个问题："孩子，你学到了什么呀？"有些孩子自以为是地说："妈妈，跟你说了你也不懂。"其实，这种孩子从某种意义上说已经是不孝的了。你学习了，你进步了，你了不起了，你就看不起爸爸妈妈了，这当然叫不孝啊！如果孩子能够耐心地把你学到的东西讲给爸爸妈妈听，并且利用学习到的道理帮助父母也成长，让他们也变得更有智慧，这种人才是大孝。在我们动力营里五天学习的内容有很多，而且都是带着哲理带着能量的内容，有很多孩子回家后会把学到的内容一点点讲给爸爸妈妈听，有很多家长反映通过孩子的讲解自己也确实成长了很多。

我们有一个学员是来自山西太原的一名高二女孩。她的妈妈是一个幼儿园的园长，她回家之后做了这样一件事，让她的妈妈把幼儿园的家长都召集起来，她给家长们开了一场家长会。

孩子讲完之后家长们都惊呆了，他们发现这个女儿比她妈妈还厉害呀！在我们动力营训练过的孩子比一般的园长厉害那是正常的，孩子们只要把十六条语录拿出来，稍微展开讲的话，家长都会认为是真理。更何况是通过孩子的嘴讲出来，家长就会更觉得了不起。结果那位妈妈就向女儿请教怎么来讲好一堂课，孩子就把学到的智慧传递给爸爸妈妈，这就是慧孝。慧孝还有一个更深的内涵就是：如果爸爸妈妈现在还不够完美，现在他们还有问题还有不足，对他们应该包容接纳，然后慢慢地影响他们，让他们做出改变，这也就是慧孝。

有一个小和尚找了个师父跟着他学修行，过了一段时间他就不想跟这个师父学了，师父就问他为什么不学了呀，小和尚说："师父，我发现你的脾气太差了。有的时候有人来拜访你，你对人家笑脸相迎；有的时候你对人家一点都不客气，还骂人家；有的时候你不但骂人家，还拿棍子打人家。像你这样情绪不稳定，算什么有道高僧呢？我不跟你学了。"这个时候师父这样跟他讲："徒弟呀！你观察得还蛮仔细的。师父告诉你，人分为三等：上等人、中等人、下等人。如果今天遇到的人是下等人，他的心胸不够宽广，我知道这样的人将来进入社会也没什么名堂，我也懒得去得罪他，于是就对他笑脸相迎。如果遇到的人是中等人，他将来进入社会是要做点贡献、做点事业的，这个时候我就要训练他一下。训练之后他进入社会就会更有发展前途，我的训练就是对他冷漠甚至骂他，我对他冷漠、骂他其实是在训练他的心理承受能力。当然，偶尔也会遇到一些上等人，上等人未来是要做大事的。既然要做大事就要接受严格的训练，遇到有上等人潜质的人，我不但会骂他，甚至会拿棍子打他。其实，打他的时候也是在训练他，我希望他将来进入社会能做一些大事，我对他最严格的人，其实是等级最高的人。"

孩子们心里都是想做上等人的，可是对指责打骂又都是讨厌的。他们听懂这个故事后，终于能理解爸妈对他们的指责也许并不是坏事。也许爸爸妈妈真的不懂教育，但是他们莫名其妙鬼使神差地做对了一件事，他们用打骂的方式来教育孩子，其实是把孩子当作了上等人。当你进入社会，也许还会受到别人的指责，也许还会被老板批评，但经过父母指责打骂的人，会有一种感觉：这个指责跟妈妈当年对我的相比差远了，这时候你突然就会发现，原来爸爸当年的七把刀看起来很残忍，其实是对你的一种训练呀！如果爸妈从来没有这样训练过你，有一天你被老板批评，你可能就会受不了，辞职了；如果爸妈从来没有这样训练过你，有一天被一个客户打击了，你可能就会受不了消沉了；如果爸妈从来没有这样训练过你，有一天你被女朋友嘲笑你，可能会受不了。到那一天你才发现，原来你真是一个下等人。所以，我们应该一起来感谢爸妈曾经对我们的七把刀。

课程最后，我还会让孩子们背一条语录：父母是人不是神，他们也会犯错误，面对父母的七把刀，理解包容才是做人水平高的表现。

在历史上有一个最伟大的孝子，这个人就是舜帝。他很小的时候，生母就去世了，父亲娶了继母回来。继母对他不好，经常找理由打骂他，还挑唆父亲也打骂他。后来他们生了个弟弟，弟弟也一起来欺负他，他们有好多次甚至想把舜置于死地，但舜从来没有抱怨过他们，并且一直很孝顺他们。有一次，继母又想了一个陷害舜的方法，她让舜去后山把一块地耕了，并且播上种子。如果完不成，就要被赶出家门。可是恶毒的继母，并没给他牛，只是让舜扛着犁就走了。当舜走到后山的时候，奇迹发生了，从天上竟然下来一头大象自动套上犁，很快就帮舜把地耕好了，接着又从天上飞来一群小鸟，它们都衔起种子帮着舜把种子播完了。原来舜的孝行，感动了天地，最后天显异象。后来尧帝听说这件事后，觉得舜的德行太高了，最后把王位让给了舜。舜做了王之后，按道理完全有能力可以惩治他的继母，但他不但没有，反而继续孝顺他们。最后他的继母、父亲以及弟弟也都被感化过来，成了有德行的人。当一个人真心行孝的时候，老天都会帮助他的。孝顺孝顺，人孝了什么事都顺了。反之，人之所以会遇到各种困难或不顺，也可能是因为孝心不够。

　　几年前动力营里来了个初一的女孩，她听完感恩孝道这段课后感触很深。当时在现场就表达了对父母的忏悔，并且下决心以后要孝顺父母。当时在现场我问她准备怎样去孝顺自己的父母，她说："要从小事做起，先从每天给父母挤牙膏开始。"现场有些孩子就笑了，我告诉那些孩子不要笑，即使挤牙膏这样的小事，如果发自真心地去做也是在行孝。孩子回家后三天她的妈妈就给我发信息了，说女儿回家变化很大，学习更认真了，对父母的态度很好。尤其是每天都坚持给父母挤牙膏，妈妈很开心。过了一个星期她的妈妈给我发微信说："老师，你看女儿挤牙膏已经挤了一个星期了，能不能让她不要挤了？"我就问她为什么，这个妈妈说："这样太浪费时间，要是早晨多背几个单词该多好。"

　　我真的不知道该怎么教育这样的家长，在她的心目中孩子多记两个单词比孝心更重要。

人才人才，先成人再成才。

如果一个孩子都没有成人，那成才又有什么用？她将来可能是个危险品。我把她妈妈批评了一顿，告诉她："让女孩儿继续挤。"就这样孩子一直为父母挤牙膏，虽然中间妈妈还有过动摇，想让孩子停下，但在我的提议下继续坚持。这一坚持就两年多，即使在中考的早晨，她都是挤完牙膏才去考场的。她在来动力营前成绩中等偏上，也不是最聪明的那一类，但中考成绩出来后，她竟然考了级部第十名的好成绩。

当一个孩子真有孝心的时候，老天都会帮助她的，也许大家觉得这个比较玄。如果孩子真有孝心了，是否更听父母的话呢？是否会更努力达到父母的要求呢？是否会更努力取得好成绩来报答父母呢？如果这一切都做到了，孩子的行为自然就符合了天道，就相当于老天帮助了他。孩子们听过这样的课程，回到家之后有了很大的变化，看妈妈的眼睛跟以前都不一样了。有的孩子过去看到妈妈就像看到仇人一样，现在看妈妈就是亲人了。

我讲完这四个层次的孝，即身孝、心孝、志孝和慧孝，孩子的感恩心就出来了。也许父母不是最完美的，但那是我应该感恩的父母。这样孩子跟父母的关系就会越来越融洽，越来越听父母的话。培养孩子的感恩心很重要，但是方法更重要，我们一定要让孩子先知恩再图报，在具体的行动上落实，孩子每做一次，我们就不断地肯定、强化，他的感恩心就会越来越强。

作为一个学生，每天和他相处最密切、最能影响他的动力的关系，恐怕就是师生关系了。如果师生关系融洽，孩子的学习动力就足，成绩就好。如果师生关系不融洽，孩子的学习动力不足，成绩就差。但我们经常发现孩子跟老师的关系并不好，尤其是中学生，因为他们已经开始有了自己的思想，不愿轻易接受老师的管束，跟老师关系出问题的非常多。按道理，关系是双方的事，如果老师能主动跟学生搞好关系，应该是最容易的。但事实上我们知道，让老师主动跟孩子搞好关系是不现实的。

既然如此，我们就只能靠自己来处理好孩子跟老师的关系了。家长们可以从两方面着手：一是让孩子主动去跟老师搞好关系，二是家长在中间应该帮助孩子圆融跟老师的关系。

第一，让孩子主动跟老师搞好关系。在动力营中我们也会专门指导孩子主动跟老师搞好关系。想让孩子主动跟老师搞好关系，有两个要点：一是让孩子认识到师生关系的重要性，愿意去改变关系；二是有改变关系的方法。并不是每个孩子都愿意跟老师搞好关系的，有些孩子到了青春期性格比较冲动，一旦他认为老师错了，是不会轻易低下头去主动跟老师搞好关系的。我曾经遇到过一个孩子，因为被老师冤枉了，对老师意见很大，竟然想着用考低分来报复老师。所以，像这样年纪大的孩子，首先要让他们认识到师生关系的重要性，最终让他们愿意主动跟老师搞好关系才行。老师就是孩子成长路上的一块石头，但这块石头可能成为垫脚石，也可能成为绊脚石。如果能够利用好老师，他能帮助孩子成长，那老师就是垫脚石。如果因为老师而影响了孩子成长，那老师就是绊脚石。如果一个孩子自认为比老师厉害，那就只有站在老师的肩膀上，才能超越他，那就应该把老师当垫脚石才对。一个孩子跟老师闹矛盾，甚至想报复老师，如果老师没受到伤害而自己却因为跟老师关系不好致使学业受到影响，那不叫报复而叫自杀。在我把这些逻辑给孩子们讲清楚后，孩子们是能理解的，他们会愿意去主动与老师处理好关系。

当孩子真的想与老师处理好关系的时候，方法是很重要的，我们要求孩子们按照以下四步来做：

第一步，可以不喜欢老师，但不能去伤害他。虽然跟老师的关系很重要，但任何人都没资格要求孩子去喜欢老师，所以孩子有资格不喜欢自己的老师。但有一点，孩子虽然可以不喜欢老师，但不能用自己的不喜欢去伤害老师。什么叫伤害？比如在上老师的课的时候，表现不好，故意让老师知道你对他不尊重，这就是伤害。

这样做是不道德的，即使老师不够完美，我们也不能这样去对待他，就像你不喜欢一个人也没必要去告诉他你讨厌他是一样的道理。另外，毕竟县官不如现管，老师是人不是神，如果他知道你这样子对待他，他脆弱的心灵很可能会受伤。所以，即使你不喜欢老师，也不要表现出来。

第二步，不喜欢老师，但可以试着喜欢他。你不喜欢老师不要紧，但要想办法让老师喜欢你，他就会更多地照顾你、帮助你。为了让老师喜欢上你，你可以试着喜欢老师。怎样做呢？上这个老师的课的时候，你就装作听得很认真的样子，如果发现老师的眼光看到你那儿，你就对着老师笑一笑，点一点，翘一翘。也许刚开始，老师会不以为意，但时间长了，老师会感受到你对他是喜欢的。除了上课，下课了你也要表现得很喜欢老师的样子，比如：问问老师有没有什么需要帮忙的？哪怕有机会擦个黑板也行。但即使是擦个黑板也要表现出欣赏老师的样子，可以对老师说："老师，您写的字好漂亮呀！我都舍不得擦呢。"当然也有孩子跟我聊过，这样是不是在做拍马屁的事，我仍然这样跟他们表达观点：如果不是害人的，所有的拍马屁都叫会做人。

第三步，你喜欢老师，老师会真心喜欢你。如果你一直这么喜欢老师、欣赏老师，老师并不知道，时间长了他就会被你感动，他会真心喜欢你的。

第四步，老师喜欢你，你也会喜欢他。如果老师是真心喜欢你的，你会发现老师其实也挺可爱的。老师是人不是鬼，我们也不是没良心的，我们也会喜欢上老师的，这时候就到了"你好，我好，大家好"，这个世界真美好的地步了。

在现场跟孩子讲得会更深入，用更诙谐的语言，讲得孩子们听得哈哈大笑。回去后，大部分孩子真用这个方法与老师处理好了关系，成绩上升的可能性也大大提高了。

我们动力营曾经有一个孩子，回去后一个月左右跟老师的关系就好了，结果一个学期下来，在40人的班级中，他的成绩从全班倒数第一名进步到第八名。

家长要做润滑剂而不是做点火石，家长在孩子跟老师的关系处理上也起着很重要的作用。家长是老师和孩子之间信息传递的桥梁。如果处理得好，他们的关系就会变得更好，相当于润滑剂；如果处理不当，就会把老师和孩子的关系搞得更僵，相当于点火石。有时开家长会，老师可能会对一小部分孩子进行批评，或者平时孩子有表现不好的时候，老师可能也有把家长叫到学校批评孩子的行为。假如因为孩子被批评，家长回到家后非常生气，就把孩子拎过来打骂一顿，还不断强调老师说你怎么不好了，当你把孩子批完打完，也等于把老师给出卖了。孩子的心里会想：哼！都是那个讨厌的老师在妈妈面前打小报告，害我被批被打。他会把这个怨气转嫁到老师身上，家长就做了点火石了。

家长遇到这样的事可以这样来处理，你对孩子说："儿子，老师今天叫我去学校了，他跟我说你是个非常聪明厉害的孩子，但有件事做得不太好，他就批评你了。他为什么批评你呢？是因为他觉得你是个人才，很聪明，觉得你有前途才这么做的，也是为了考虑教育其他孩子才批评你。老师说他心里是非常看好你的，即使他表面上批评你，其实是很欣赏你的，他让你一定要努力。"孩子听完这样的话后就会感激老师，心想：原来老师批评我也是用心良苦呀。接下来他对老师会有感恩心。家长这么做就是润滑剂了。

还有一种情况也蛮普遍的，因为教育资源不均衡，可能会有一些所谓的名师名校，家长都希望自己的孩子有机会进名校，受到名师的教育。假如你的孩子没有进名校，或者没有进某位优秀老师的班，家长对孩子说的话其实是很重要的。有的家长会这么说："孩子，现在社会风气很邪门，我们这次没有进到某某小学，我们这次没进到优秀老师的班，但我想告诉你，孩子，即使你们现在的老师水平不行，你也要努力，因为学习主要是靠自己的。"当你这么讲完，孩子心里就想了："哦，原来学校不好呀！原来老师水平不高呀！"他对老师的敬畏心就没了，由于先入为主，很可能跟老师的关系就难处理了，家长这样做就成了点火石了。如果家长对孩子这样说："孩子，告诉你个好消息，原来还以为某某学校是最好的，后来才发现，我们现在进的这个学校才更好！而且告诉你，你们班的那个老师听说是全年级最厉害的，虽然他的名气不是最大的，但他的真实水平是最高的，我们的运气真是太好了！"这么一讲完，孩子马上就想了："哦！原来我们的学校最好呀！原来我的老师是最厉害的呀！"这样他内心自然就先对老师有了好印象，将来跟老师处理关系就容易了，家长这样做就成了润滑剂了。

第五章
利用灵性层面的特点激发孩子动力

第一节 灵性与动力

人的第四个动力来自灵性层面，每个人都是有灵性的，每个人来到这个世界都是带着使命来的。如果一个人能找到自己生命的意义，就会有动力前进。所以，灵性这个层面，动力的原理是："我感觉有意义，我就有动力。"生命的意义外在表现为"目标、理想、梦想、信仰"。有些人看到这样的词语就觉得很空洞，觉得这是骗人的。如果是这样的话，说明他很可能没有体会过这种动力，很多成功人之所以成功，正是因为他有目标乃至信仰。

吴子钦老师在训练孩子的动力营里给他们编了一条语录——

"有志战天斗地，无志怨天恨地。

心中有志千方百计，心中无志容易放弃。

心中没有大目标，一根稻草压断腰；心中有了大目标，泰山压顶不弯腰。"

一个孩子如果有了梦想、信仰的话，他就会带着巨大的动力前进。

今天中国的社会问题是道德滑坡了,道德滑坡的原因是教育出问题了。今天教育最大的问题是我们没有给予孩子信仰的教育,我们没有给予孩子内心的追求。孩子们今天学了,不知道明天干吗,明天完成了,考取大学了,他也不知道要干什么。因为当孩子没有远大的梦想,没有值得终身追求的信仰的时候,他就像浮萍一样,走到哪里漂到哪里,最后不会有太大的成就,遇到困难他就会退缩。

教育就是要帮助孩子找到心中的那个理想。如果他能对理想坚信、坚持、坚定地追求下去,甚至可以不要命地去捍卫自己的理想,那这个理想就是信仰了。我这里讲的信仰不是指宗教信仰,而是指一个人会对一种思想、一种精神、一种事业一直坚守,甚至为了它可以吃苦,可以丢脸,甚至可以牺牲生命。

一个中国共产党员可以为了国家的解放牺牲自己的生命,一位科学家可以为了祖国的强大放弃国外优厚的条件,一名真正的僧人为了修行可以严守清规戒律。也许在外人看来这些人不可思议,他们是辛苦的,但谁又能说他们不是幸福的呢?

当一个共产党员喊着"中国共产党万岁"踏上断头台的时候,我相信那一刻他是幸福的。

像钱学森那样伟大的科学家,在中国最贫穷的年代,为中国的"两弹一星"努力的时候,我相信那一刻他是幸福的。

如果有一天你问一位真正的僧人苦不苦,我相信他会告诉你不苦,而且很快乐,这种快乐是你无法理解的极乐。当一个人有了信仰,他就知道了生命的意义，他就会活在幸福中。也许在外人看来他不够富有，他不够成功，他有点难以理解，但他有自己丰盈的心灵，他找回了灵性，让自己的生命具有正确的意义，而我们的教育不正是希望孩子能活出真正幸福的状态吗！那就让孩子找到信仰吧！

一个孩子的信仰是从目标开始的，所以我们应该有意识地训练孩子的目标意识。但是很遗憾，我跟大量的孩子接触过，有目标的孩子并不多，我们每次动力营中都会花一天时间训练孩子的目标意识。当我们调查孩子们是否有目标的时候，结果是令人遗憾的，绝大部分孩子是没有目标的，而且越大的孩子越没有目标。

有一年暑假我们开动力营，一个来自青岛的孩子，他已经是天津某大学的大学生了，当我问他未来的目标的时候，他表示不知道。我就问他："你都已经是大学生了，还没想好未来要做什么吗？你们大学生平时都想什么呀？"他对我说："我们混完毕业再说。"一个"混"字很好地描绘出了中国很多大学生的真实生活现状。而当看到有些年龄较小的孩子写目标比较起劲的时候，他表现得非常不屑，说了一句："我像他们这么大的时候也有很多梦想的。"他说的是有道理的，也许孩子在小的时候还真有目标，但大了却不再有了，这也是很可悲的。

中国的孩子为什么没有目标？大概是以下几种情况导致的：

第一，父母自己就没有目标。孩子的父母没有目标，所以他们也无法给予孩子目标的引领。也许他们也经常叫孩子好好学习考大学，但是并没有想好考大学后未来的规划在哪里。

第二，父母有目标，但不会引导。父母自己有目标并且事业成功，但不会把目标的意识给予孩子。甚至有一些父母因为自己事业很成功，给孩子过度的满足，导致孩子觉得："反正父母都给我准备好了，我就不用再努力了。"我曾经遇到一位孩子，当让他说出自己理想的时候，他说了一段话："我不知道我的理想是什么，但我知道我的父母会帮我实现的。"

第三，只有小目标。某次跟孩子聊到目标时，孩子告诉我，目标就是考取一中。一中是他们当地一所重点高中。我问他如果考取了一中后准备怎么办？他告诉我说没想过。这个孩子的目标是小目标或者叫短期目标，这种目标是需要的，如果没有小目标孩子行动时往往会好高骛远。但是假如只有小目标，那这个目标实现了，人就迷茫了。这种情况，往往也是父母不断地强化小目标造成的。

第四，有目标，被打击了。孩子小时候好像挺有目标的，可在前进的路上遇到了打击，最后放弃了。打击的情况有两种：一是自然打击，孩子自己发现，目标好像不是那么容易实现的；二是人为打击，当孩子说出自己的目标的时候，家长老师不断地用"讽刺"那把刀把目标给砍掉了。

第二节 目标成功三步法

那我们怎样才能帮助孩子建立目标和信仰呢？可以从以下三步着手：

第一步，建立目标。目标的训练是从有目标开始的，我们跟孩子们描述目标的重要性，让每个孩子都发自内心地找到目标。找目标的时候，可以考虑自己的兴趣爱好，自己的能力结构，包括自己的家族情况，因为有时候家族的产业需要你继承的时候，真不能自己想做什么就做什么。只有小目标没有大目标就像浮萍，只有大目标没有小目标就像空中楼阁。目标清晰后就是设计执行计划，孩子们开始对过程目标进行规划，所以最后孩子们的目标包括长期目标、短期目标，包括过程目标，也包括结果目标。这一切都是可执行的。

第二步，分享目标。目标找到后，有一个很重要的环节就是把目标分享出去。因为过去有很多孩子在心中建立了目标，可是不久就变化了。可能是自己都不相信自己可以做到，也没有决心做到；也有可能是因为目标被别人打击和嘲笑了，就放弃了。分享目标就是解决这两个问题的。当我们把目标分享给别人时，每分享一次就强化一次，谎言说一千遍也会变成真理。当孩子一次次分享的时候，就在确认自己想要的这个目标，就会更坚定。当然，如果目标是假的，他在分享的时候就会不自然，没力量，自己会淘汰掉而重新寻找。还有一个更重要的目的，就是在他分享给别人的时候，别人可能会嘲笑他、打击他，如果他能扛住这种打击这个目标就会更坚定。而且当他对自己的目标越坚定的时候，别人也就越会支持他。所以，分享目标的结果：一种是别人不信，还有一种是别人相信你了，相信对你来说又是一种新的动力。

第三步，执行目标。 建立目标和分享目标都不是目的，最终的目的是执行目标。孩子们建立目标的时候把执行计划写得很清晰，这对执行有很大的帮助。分享目标的时候坚定了目标，获得了执行的动力，这些都为执行打下了很好的基础。但是，孩子们执行目标是一个长时间的过程，所以这一步是最难的，也需要家长们的辅助。如果家长把前面给予动力的方法都掌握了，并合理运用各种激发动力的技巧，让孩子在执行的过程中养成习惯，通过执行目标获得实现小目标的成就感，就能激发孩子去完成更多小目标的动力，这样就会走入良性循环。

家长们慢慢真正做到以目标本身为动力引领孩子前进。对于经过动力营训练的孩子，我们要跟家长联手形成合力，帮助孩子在一段时间内更好地执行。通过各种线上线下的动力加油站，保证孩子能够拥有持续一段时间的动力，并通过对家长的辅导，让其能够独立在家帮助孩子更好地执行目标，达成结果。

总结一下，我们一共讲了四个层面的动力来源，分别是生理、心理、关系和灵性在这四个方面。如果我们只活在生理层面那就是来得快，去得也快。这种方法可以利用，但是不能够依赖，在生理这个层面培养的其实是动物。在动力营我们称这种状态为雇佣军，就是你买他来学习的，他不是主动学的。那如果活在心理和关系这两个层面呢？就是活在人性的层面，他有心理的状态，他开始关注人与人之间的关系状态。假如有个孩子活在灵性这个层面，我可以告诉大家，他已经活在神性的状态了。在生理这个层次，你打骂他才有动力，用物质诱惑他，才有动力。但这个动力随着外界刺激的消失或减弱会丢掉。

在心理这个层次，你表扬一下他有动力，肯定一下他有动力，如果不肯定、不表扬他就没有动力。这种动力也取决于别人。在关系这个层面，如果今天老师跟我关系好，我就有动力；妈妈跟我关系好，我就有动力。可能三年级我跟老师关系挺好的，我就有动力；四年级换了一个老师我就没有动力了。这个时候的动力还是取决于别人。一个人只有找到自己生命的价值和意义的时候，他的动力才能够源源不断地出来。

在此，竭尽全力呼吁所有的父母，开始家庭教育的革命吧，不要让无知教育的悲剧在我们的下一代身上重演！

思考我们的孩子到底要如何培养，是我们父母一生重要的课题！

第六章
我的小天使温暖着我的心

记得那是儿子上高二那年的一个周末午后，我躺在沙发上，午后的阳光洒在我的身上，非常的舒服。这时候，儿子从房间走出来，看到我在沙发上就走了过来，还没有坐下，我就说：儿子，帮妈妈做件事情吧？儿子笑了说："很乐意为妈妈服务。"

"为老妈拔拔白头发吧。"我们俩哈哈大笑。

他坐在沙发上，我的头枕在他的腿上。他的小手一边在拨弄我的头发，一边拿小镊子在拔着白头发，一边小嘴在叨叨说：不能再拔了，要不头发越来越少的。

我幸福地笑了，"妈妈感觉这种感觉好幸福,有儿子在我身边。儿子，你渐渐长大了，陪伴妈妈的时间越来越少了……"那天，我们俩聊了好多我们母子在一起这些年相处的点点滴滴，后来儿子还把那天的情景写成了一篇作文，受到老师的高度赞扬。今天有幸在这里分享给大家：

青丝

母亲节，很多人愿意在微信上发出祝福，而有些人则乐意陪母亲聊聊天，为母亲捶捶背，我更倾向于后者。

母亲，就是那个永远会向着你、包容你的那个人。当你把悲伤的眼泪串成链珠，她会微笑着把它挂在自己的脖颈上，把你揽进怀中。她的辛苦不会让你看见，外面的事都在她心里面。开心的事与你分享，不开心的藏在心房。她是这个世界上最坚强的人，会用自己的双手托起你的世界；她也是这个世界上最脆弱的人，会因为你的一些小伤小痛独自哭泣。总之，她是这个世界上最爱你的人。

对于母亲而言，她想要的并不是荣华富贵的生活，不是朋友圈的点赞，而是儿女可以开开心心地生活，儿女可以多陪在她的身边。有发朋友圈的工夫，不如为母亲捶捶背洗洗脚。这个道理很老，但很真切。有多少人在发完朋友圈之后还对母亲的付出习以为常。是呀，我们大多数人都习惯了母亲的付出与关切，却不懂得珍惜。有些东西，失去后才学会珍惜就晚了……

我觉得，我们应该发自内心地为母亲做一点事。其实我们很多人，回家后就把自己关在屋里或自顾自地玩手机，很少与母亲说话。而母亲不过就想知道你在外面过得好不好，有没有变瘦，有没有发生什么事。母亲就是这样，关心你总比关心她自己要多得多。

周末回家，餐桌上铺满了鱼、肉，眼睛不经意看到厨房的桌子上，残留着两盘菜，白菜和头菜，那是我家放剩菜的地方，那些应该是他们的午饭。我说，我不在家的时候，你们也要多吃些肉补充营养。她说，我们在家的时候也会吃好的。母亲的谎言总是那么浅显。

第二天，午后的阳光懒懒地斜散在地板上。我走出自己的房间准备出来喝口水，母亲让我帮她拔白头发，我坐在她身边，手上的镊子在她头上来来回回。她说，人会慢慢变老，这些年白头发越来越多，午觉也越来越长。她还问我为她这样拔白头发的时间还有多久？再过几年我就上大学了，没有时间陪她了，父亲工作忙就更没时间了，就再也没有人为她拔白头发了。我默默地听着，就觉得这些白发在光下格外刺眼，每拔一根，就会回想起我们之间的点点滴滴。不想拔了，我觉得那些白发就像时光，拔得我的心一紧。她还说，等她老了就把白头发全染黑，脚一摇一摇得像个小孩。

也许就像母亲所说，没人为她拔那些白发时，她的头发就会慢慢变白；当没人陪她时，她的心就会变老。母亲想要的就这么多，有时间发朋友圈，不如多在她身边，这就是给她最好的礼物。

青丝变成华发，这就是母亲在家等待你回来的时间。

当看到我的小天使写的这篇作文时，我泪如雨下，儿子大了，真的大了……

今年当儿子知道我开始写书出书的时候，他非常激动，比我还激动，紧紧地拥抱着我说："老妈，你太厉害了，真好。"我说："儿子，未来你比老妈更厉害，因为你接受的教育和所处的时代都比妈妈好。儿子，妈妈有个请求，请你帮个忙，给我的处女作写点什么吧，留个纪念作为珍藏版。"他说："没问题，我写点什么呢？"我说："你的师父不是经常说真感情才是好文章吗？真情流露就好，妈妈都喜欢。"于是，儿子连夜写了一封信给我，我把它放在了这本书的总结篇，与大家一起共勉。

致老妈的一封信

第一次听说老妈要写书的时候，其实内心觉得非常遥远。因为在我内心感觉，人如果打算出书立著的话，首先取得事业上非常大非常大的成功，或者是要走到人生的尽头写一本书来讲述自己的人生。

所以，当我听说老妈在潜心创作的时候，还是非常诧异的。因为在我心里她还是那个只关心我的生活、成长，并默默付出一切的一位普普通通的妈妈。但是仔细想想，老妈在我成长的过程中，因为我的少年无知，付出了太多太多。

初一那年因为我的叛逆，老妈毅然决然放下了自己曾经辉煌的事业。40多岁，重新开始学习家庭教育，从零开始启航她的事业，到现在已经在事业上取得了成功，帮助了好多家庭，并且成为众多弟子的师父。

其实，静下来想一想，老妈在我心中的形象其实早已潜移默化地改变了，只是我一直没有用心去发现。突然间，我就觉得老妈好伟大呀，伟大得让我有点不认识她了，因为她已经不仅仅是我的妈妈，还是更多人心目中的"妈妈"。

在不经意间，老妈已经在默默地影响着我，从老妈身上学到了很多东西。

就比如说在新冠肺炎疫情防控期间，我跟同学聊天的时候，同学聊得最多的是怎么样用技巧去逃避网课，怎么样有更多的时间去玩游戏。但是我却在疫情防控期间，帮助了好多家庭。疫情防控期间，很多人不懂家庭教育，导致家庭矛盾不断爆发。我利用学到的家庭教育知识进行家访，和孩子沟通，帮助他们从焦虑痛苦当中走出来，让他们更好地去拥抱生活。我觉得这是非常有意义的。

但是如果我的老妈没有这种坚持学习的奉献精神，我根本不会去这么做。

因为工作学习的关系，让我有更多的机会去接触到不同性格的孩子。

有一次去孩子家里家访，当我进门时，孩子正在玩手机。他的父母用一种高高在上的语气对孩子说，说："今天我们请来一位老师，你赶紧把手机给我放下，然后好好跟老师去沟通沟通，改改自己的毛病。"而不是说"今天给你介绍一位朋友——小白老师"。

家长一上来就要改掉自己孩子的毛病，在陌生人面前，这多伤孩子的自尊心啊。

当我跟孩子沟通的时候，起初他们不愿意理我。在慢慢沟通后，我发现其实他们都是内心善良的好孩子。他们在一些事情上的处理方法，有自己的想法，这些都是很正常的。

但是在家长心中可能就会觉得：你为什么不听我的？我是妈妈，我说的什么都是对的，那么你有什么理由不听我的？你必须听我的。

就是父母这种强加控制的爱，导致很多孩子他在青春期和父母发生了许多矛盾和冲突。

比如，孩子感觉今天天气热，但不能穿短袖，因为妈妈觉得孩子冷。不太想吃饭，不行，因为妈妈觉得孩子会饿。在我和孩子沟通结束后，我认为孩子的问题并不是很多，反而是家长缺乏正确的引导，导致孩子抵触父母。孩子对于学校也产生了一种厌烦情绪，不愿意去上学。

从老妈身上我学会了从不同的角度去看待家庭关系，而我觉得这是我人生当中最宝贵的一笔财富。人生当中你总会做出很多选择，有时自己是迷茫的，这时候就需要别人的指点和帮助。我觉得我的老妈在我人生当中就是一盏明灯，照亮了我前进的路。所以，我也非常感谢我的老妈，因为有这样一位伟大的母亲而感到自豪！

我也要像老妈一样，像我的师父吴子钦老师一样，用我的声音去影响和帮助更多的人。

让我们整个家庭因为我变得更好！

让我们整个家族因为我变得更好！

让我们整个社会因为我变得更好！

让我们整个世界因为我变得更好！

我相信我一定可以，你也可以！

永远爱您的儿子

2021 年 4 月 2 日